LA FERME DE JEANNE

DU MÊME AUTEUR

Editions Lucien Souny

La Ferme de Jeanne

La Vallée des bergers

L'Odeur des pins

Jean-Paul Froustey

LA FERME
DE JEANNE

Lucien Souny

Editions Lucien Souny, 2008-2011
Les Allois • 87400 La Geneytouse

Première partie

LE MARIAGE

En cet après-midi de décembre, le ciel gris et bas annonçait un crépuscule précoce. La silhouette de Jeanne Barricat se fondait dans ce sombre tableau. L'esprit ailleurs, Jeanne obligeait son corps rabougri, vêtu de noir, à accomplir les gestes quotidiens. Les bêtes elles-mêmes semblaient pétrifiées et s'agglutinaient dans le fond de l'étable, tandis que le chien, un labrit, disparaissait à demi dans un tas de mousse.

Jeanne avait beau retourner le problème dans sa tête, elle n'y trouvait qu'une solution : marier sa fille.

Les deux femmes avaient bien tenté de tenir la ferme, mais la tâche était vraiment trop rude et l'hiver venait encore la compliquer.

Bien sûr, depuis douze ans que son époux était décédé, son frère Antoine Mesplède lui apportait son aide. Justement, Jeanne soupçonnait fortement que cette aide n'était pas désintéressée et l'accusait de vouloir s'emparer la partie d'héritage qui leur venait du père.

Il s'ensuivait des querelles interminables durant lesquelles le frère et la sœur s'ignoraient, puis reprenaient des relations normales avant de retomber dans le mépris. Pour l'heure, la colère de Jeanne Barricat était profonde.

Insensible à tout ce qui l'entourait, elle expédiait les corvées du soir avec une surprenante rapidité. Le gel avait durci la terre et le claquement des sabots de bois apportait une note encore plus sinistre. La vieille femme avait pris sa décision, ce soir elle parlerait à sa fille.

Le feu crépitait dans l'âtre, pendant que Marie préparait le frugal repas du soir : une soupe à l'oignon dans laquelle elle ajouterait au dernier moment quelques cubes d'escoton, une bouillie de farine de maïs qui réchauffait dans une assiette en terre devant les flammes.

Tout d'ailleurs gravitait autour de la cheminée : on y cuisait la pâtée du cochon dans un chaudron accroché à une crémaillère, mais aussi la soupe dans un pot placé devant les braises ; les viandes et les sauces mijotaient sur un trépied, sans compter les différents récipients, pour l'eau, le lait, bien disposés en arc de cercle.

Dès qu'elle entra, Jeanne vint réchauffer ses mains auprès des flammes qui éclairèrent son visage ridé où deux yeux noirs s'enfonçaient dans de profondes orbites.

— Il fait nuit, tu veux manger tout de suite ? demanda Marie.

— Si c'est chaud, oui, après il faudra qu'on parle toutes les deux.

La coutume voulait qu'après le repas, les soirs d'hiver, la famille se rassemble autour du feu ; les femmes brodaient, tricotaient, reprisaient. Malgré ses dix-huit ans, Marie était rompue à ces exercices.

Ce soir-là, ses mains restèrent inactives, alors que sa mère, si avare de paroles d'habitude, se lança dans une diatribe peu commune pour elle :

— Ma pauvre Marie, on n'y arrivera jamais toutes les deux, il va falloir qu'on te trouve un homme. Je nourrissais quelques ambitions pour toi, j'espérais qu'un petit propriétaire te demande en mariage, mais, avec la réputation que nous fait ton oncle, je ne vois personne qui voudrait de nous. D'autant qu'on a perdu la moitié du cheptel et, si ça continue, les terres vont retourner en friche.

En un court instant, Jeanne se remémora sa vie. Son père, Jean Mesplède, avait été fabriqueur de l'église de Mézos, mais la Révolution, à laquelle il n'avait rien compris, était venue et il avait connu quelques soucis. Elle avait épousé le berger de la ferme et s'en mordait les doigts encore aujourd'hui, une mésalliance qui lui avait valu les foudres de sa famille. Certes, Jean Barricat avait été un homme vaillant et solide, mais il n'avait pas pu ou su donner un peu d'allant à une propriété déjà affaiblie par les mauvaises affaires de son beau-père.

Oh, Jeanne avait connu quelques moments de bonheur, quelques instants vite effacés par des années de misère. Cette année encore ne serait pas à marquer d'une pierre blanche. La sécheresse de l'été n'avait permis qu'une maigre récolte et les pluies diluviennes de l'automne avaient surpris bêtes et gens. Beaucoup de brebis avaient avorté et certaines d'entre elles étaient mortes sans raison apparente.

— Marie, est-ce qu'il y a un garçon qui te plaît ?

— Mais non, maman, tu l'as dit toi-même, qui voudra de nous ? Rappelle-toi, dimanche à la messe, qui nous a salué ? Juste quelques vieux.

— C'est vrai qu'on ne nous aime pas beaucoup, cela remonte à ton grand-père et je ne sais pas pourquoi. Je vais parler de ça à Louise, peut-être qu'elle connaît quelqu'un sur Saint-Julien.

— Je ne veux pas, cette vieille chipie va encore se gargariser.

— Mais non, tu la juges mal, et puis quoi faire d'autre ? Attendre ?

Jeanne tenait son idée désormais, son visage se détendit et elle alla bien vite se réfugier dans son lit au matelas de laine, seul luxe hérité du passé.

Marie, le regard inquiet, fixait les dernières flammes qui dansaient dans la cheminée. Elle pensait que son oncle pourrait encore une fois les aider, mais sa mère le tenait pour responsable de toutes leurs misères et elle ne voulait pas raviver sa colère.

Marguerite avait été odieuse la veille au soir, encore et toujours pour une raison futile. Vincente, sa belle-mère, avait décidé qu'elle resterait à la maison pour garder ses enfants tandis qu'elle-même et son fils Jean iraient à la tue de cochon à Poursit. Vincent, le petit dernier, avait à peine un mois. Qu'à cela ne tienne ! Marguerite avait déclaré qu'elle l'emmènerait avec elle. « Tu veux le tuer, celui-là aussi », avait lâché Vincente.

Ces joutes étaient fréquentes, la jeune femme avait déjà eu six enfants, il lui en restait quatre. En fait, aigrie par ces maternités à répétition, Marguerite ne supportait pas que sa belle-mère se comporte en patriarche, que son mari Jean se soumette à toutes ses directives et surtout que Vincent, le frère cadet de Jean, soit le préféré de cette vieille sorcière, comme elle la nommait lorsqu'elle allait au lavoir.

Les Darnère étaient forgerons de père en fils, mais la forge familiale n'avait pas besoin de quatre bras, aussi Vincent évoluait-il à sa guise, avec les maçons ou les charpentiers. De temps en temps, il rapportait un peu d'argent, qu'invariablement il remettait à la mère, confortant ainsi son autorité.

A cinquante-huit ans, Vincente se sentait lasse, l'escalade verbale de la veille l'avait marquée un peu plus. Si elle venait à disparaître, ce serait l'enfer dans cette maison ; une décision s'imposait : marier Vincent. Or ne voilà-t-il pas qu'en cuisant les boudins Louise, sa cousine, parlait d'une fille à marier…

L'apparente innocence des propos n'échappa point à Vincente, tellement les détails abondèrent. Le hasard faisait bien les choses, ce soir elle parlerait à son fils.

Lorsqu'elle s'était mariée le 12 brumaire an XI, Bertrand Darnère, taillandier de son état, était venu demander sa main à son père. Cet homme l'avait beaucoup impressionnée, il savait lire et écrire comme les plus instruits de l'époque. Ne disait-on pas que les Darnère avaient été ruinés après l'épizootie de 1775 lors de laquelle quelques propriétaires avaient perdu un millier de vaches abattues par les soldats du roi ? Par certains côtés, Vincent ressemblait à cet homme, et, justement, pourquoi Vincent n'irait pas demander cette fille en mariage ? Même si elle y avait été sensible, la vieille femme se moquait du protocole.

On avait festoyé et joué aux cartes jusqu'à la nuit tombée. Jean serait bien resté encore un peu, mais la mère avait décidé de rentrer.

Le calme régnait dans la maison, Marguerite donnait le sein à son petit dernier, tandis que Vincent jouait avec les fillettes, Jeanne et Catherine. Vincente laissa sa bru goûter aux merveilles qu'elle avait rapportées à son intention, puis déclara :

— Va coucher les enfants, il faut que je parle à mes fils.

La petite Jeanne opposa un brin de résistance, mais dut se résoudre à obéir.

— Voilà, dit-elle, je commence à être âgée et je peux partir d'un moment à l'autre. Alors il faut régler quelques problèmes. Jean, en plus de la forge, s'occupe de la métairie ; Elisabeth est placée et, à trente-deux ans, elle fait ce qu'elle veut.

Les mauvaises langues insinuaient qu'elle ne s'acquittait pas simplement des tâches ménagères chez Antoine Magnes, propriétaire de la métairie, surtout depuis que celui-ci était veuf.

— Il reste Vincent qui doit se marier. Il y a à Châton une jeune fille qui n'a plus que sa mère, c'est Louise qui me l'a dit. D'après elle, Marie est assez jolie, encore un peu jeune. La ferme leur appartient, mais c'est un vrai désastre… C'est une opportunité pour toi, Vincent, tu iras voir ces femmes dimanche et prendras une décision, si cela te convient.

Avec Vincente Darnère, il valait mieux que cela convienne. Jean en fit aussitôt l'amère expérience lorsqu'il hasarda :

— Et comment on va faire ici ?

— Tu te débrouilleras. A vingt-six ans, Vincent a l'âge de se marier. Je vais vous partager ce que j'ai mis de côté, je garde quand même ce qui m'appartient en propre au cas où il prendrait à ta Marguerite l'idée de me chasser parce que, lorsque Vincent sera parti, c'est toi qui sera le patron.

Tout naturellement, après le décès de Jean Darnère en décembre 1832, le bail avait continué sans qu'il fût besoin d'y apporter une quelconque modification. La vie n'était pas trop rude pour les Darnère qui vivaient relativement bien, et, si ça n'avaient pas été ces épidémies qui emportaient les enfants, ils auraient pu se considérer comme des gens heureux.

Jean et Vincent faisaient partie de cette race de Landais de petite taille, à la force insoupçonnable et à l'intelligence vive. Vincente était fière de ses fils, la Barricat pourrait s'estimer heureuse avec Vincent, même si le titre de propriétaire pour son fils préféré avait une résonance particulière dans l'esprit de la vieille femme.

Vincent avançait d'un bon pas malgré le chemin boueux parsemé d'ornières profondes, dont il s'écartait d'un saut léger. Depuis quelques jours, il ne gelait pas sur la lande, un vent de sud soufflait un air chaud comme cela arrivait parfois au mois de janvier. Sur les recommandations de sa mère, il n'avait pas emprunté le chemin le plus court pour éviter de rencontrer cette commère de Louise.

Même s'il avait revêtu ses plus beaux vêtements et chaussé des sabots neufs, Vincent se moquait de son apparence physique. Rasé, les cheveux légèrement domestiqués, il se savait joli garçon.

Cependant, plus il approchait du quartier de Châton, moins il se sentait sûr de lui. Il lui semblait se souvenir d'une gamine de treize ou quatorze ans lors d'un mariage à Poursit. Il espérait qu'elle ait quelque peu changé.

Habitué à façonner quelques belles pièces à la forge, bien proportionnées, il se prenait à regarder, avec son œil aguerri, lors des fêtes et des foires, quelque brin de fille qui représentait son idéal. Son modèle, c'était sa sœur : de taille moyenne, mince, toujours impeccablement habillée, trop pour être honnête, disait la mère. Il sourit à cette idée et eut simultanément un haut-le-corps. La ferme des Barricat se présentait à lui dans toute sa désolation. Etait-ce la marche qu'il venait d'accomplir ou simplement l'appréhension, des gouttes de sueur perlaient sur son front.

Un court instant, il eut envie de faire demi-tour. Trop tard ! Le chien avait déjà signalé sa présence et, comme s'il l'avait immédiatement adopté, il vint se frotter dans ses jambes. Nul doute que la rumeur de sa venue l'avait devancé. Louise avait-elle fait valoir ses talents de marieuse ?

Jeanne Barricat était sortie sur le pas de la porte, enveloppée dans un vêtement noir, que l'on disait du dimanche pour le distinguer de celui de tous les jours parce qu'il était tout simplement moins délavé, moins reprisé, voire rapiécé.

La boue engendrée par le piétinement des bêtes et le redoux entourait l'habitation, sauf devant la porte où l'on avait rapporté un peu de sable, signe que l'on attendait de la visite. Y aurait-il d'autres prétendants ?

— Bonjour, je suis Vincent Darnère, vous savez pourquoi je viens…

Ces derniers mots eurent du mal à sortir, cette femme lui rappelait sa mère et il n'était pas question de tergiverser.

— Tu viens pour Marie ? Marie, viens un peu ici.

La jeune fille était sans doute aux aguets et avait surveillé la scène, si bien qu'elle fut très vite auprès de sa mère.

Le jeune homme, les yeux grands ouverts, s'entendit répéter :

— Bonjour, je suis Vincent Darnère.

Marie eut un sourire amusé devant ces yeux étrangement bleus pour un homme si brun qui la détaillait d'un air surpris.

On ne l'avait pas trompé : Marie était petite et frêle, mais elle était bien jolie avec ses mains fines, son visage rond et ses yeux noirs. Sûr que sous le foulard les cheveux étaient noués en chignon. Oh, elle était loin d'être aussi bien vêtue que sa sœur Elisabeth, mais quand même, ça lui plaisait bien tout ça.

— Tu veux rentrer ? demanda Jeanne Barricat.

— J'aimerais donner un coup d'œil aux bêtes et à tout le reste, si ça ne vous dérange pas.

— Mais pas du tout, Marie va t'accompagner, moi je vais surveiller le repas parce que tu vas bien rester à manger avec nous…

S'il acceptait, c'était bon signe, et quelque chose disait à la vieille femme que ce garçon serait bien pour sa fille.

— Si vous voulez, mais je ne veux pas déranger.

— Mais tu ne déranges pas du tout… Allez donc faire un tour. Ce n'est pas brillant, tu sais, on aurait bien besoin de deux bras comme les tiens.

Vincent constata qu'effectivement ça n'était pas brillant, à commencer par la maison en torchis disjoint et en planches à demi pourries, des étables sur le même modèle. Quant à l'outillage, il était en si mauvais état qu'on ne pouvait pas prétendre travailler correctement avec.

— Où avez-vous le potager ? demanda Vincent.

— On n'en a pas, répondit Marie, surprise, on fait juste quelques pommes de terre et quelques choux dans le champ là-bas.

— Et les bêtes ?

— On les a envoyées ce matin dans la lande. Tu veux que je les appelle ?

— Non, ce n'est pas la peine, je les verrai tout à l'heure.

— Alors tu restes manger avec nous ?

— Et toi, as-tu envie que je reste ?

— J'aimerais bien…

— Alors, c'est d'accord, allons déjeuner.

Ces quelques mots voulaient dire bien plus que ce qu'ils disaient ; une certaine complicité s'installa entre les jeunes gens.

Vincent fit honneur au repas, non parce qu'il aimait particulièrement les haricots cuits avec un morceau de jambon, mais simplement parce qu'en homme qui se dépense beaucoup il avait besoin de manger en conséquence. La simplicité du menu ne le dérangeait pas. Par contre, il était loin de se douter combien l'amour-propre de Jeanne Barricat était affecté de le recevoir comme ça, avec si peu de moyens, même si elle avait sorti ses plus beaux couverts.

Vincent n'attachait aucune importance à tout cela. Gourmand, il se servait allégrement au tas de merveilles qu'avait confectionné Marie. Puis la discussion s'engagea à mots couverts.

— Alors, qu'est-ce que tu en penses ? demanda Jeanne.

— Il y a beaucoup de travail, mais ça peut se faire si Marie est d'accord.

— Tu sais, tu seras le maître ici, et vous travaillerez pour vous. Et toi, Marie ?

— Moi, je veux bien…

— Alors, c'est décidé, il faut s'occuper de ça au plus vite, on arrangera ça avec ta mère.

— Ma mère ne peut pas trop marcher. Le lendemain de la tue de cochon à Poursit, elle était très fatiguée. Mais je reviendrai le dimanche, si vous le voulez bien, et je vous ferai part de ses intentions. Maintenant, je voudrais jeter un coup d'œil à la charrette et donner un coup de main pour le bois et les bêtes.

— Eh bien, allez-y tous les deux pendant que je vais ranger, mais tu vas te salir…

— Aucune importance, je vais faire attention.

Les jeunes gens sortirent et restèrent tout d'abord silencieux.

— J'ai vu quelques bois noueux, je vais les fendre pour que tu puisses les porter.

— Et moi je vais mettre de la mousse aux bêtes.

— Non, non, attends un peu, je vais le faire, j'irai plus vite… Qu'est-ce que vous avez ? Des brebis, des chèvres ?

— Oui, il reste une cinquantaine de brebis. On en a perdu une quinzaine ce mois d'octobre. Les chèvres n'ont pas été malades, il y en a une trentaine.

Vincent s'affairait avec une fourche au manche brinquebalant.

— Avec quoi tirez-vous la charrette ?

— Il y a des bœufs au quartier. Je crois qu'on en a une part, mais ils sont à Bidaou.

Le temps passait et, après avoir fendu quelques grosses bûches, Vincent voulut inspecter la charrette. L'espace était étroit, les jeunes gens se frôlèrent et c'est là qu'ils échangèrent furtivement leur premier baiser. Les clochettes des brebis les ramenèrent aussitôt à la réalité.

Vincent eut vite fait de constater que le troupeau souffrait de dégénérescence, il faudrait sélectionner les brebis et se procurer d'autres béliers. Quant à la mare dans laquelle il avait vu deux ou trois bêtes s'abreuver, il faudrait la combler. C'était un grand malheur dans la lande de ne pas avoir d'eau potable. Les épidémies que cela engendrait tuaient sans distinction bêtes et gens.

— Est-ce que votre propriété va jusqu'au ruisseau ? demanda-t-il à Marie.

— Je crois bien, un peu plus loin que la source par là-derrière, il faudra demander à maman. Pourquoi ?

— Il faudrait habituer les bêtes à aller y boire, il faudrait aussi séparer celles qui sont grosses, sinon les petits vont se faire piétiner lorsqu'ils vont naître.

Ils fermèrent l'étable et se heurtèrent au porc qui lui aussi vivait en liberté, mais venait tous les jours à la même heure réclamer sa pitance en poussant de petits cris aigus.

Jeanne l'avait entendu et sortait avec un chaudron de pâtée.

— Lui non plus n'est pas très gras, dit-elle à Vincent.

— Il fondra moins, ce sera de la bonne viande… Eh bien, il est temps que je vous quitte, la nuit ne va pas tarder à tomber.

— Tu veux quelque chose avant de partir ?

— Merci, ça ira très bien.

— Je suis contente, tu sais. J'espère que vous vous entendrez bien tous les deux.

— Je l'espère aussi, je reviendrai dimanche. Au revoir, Jeanne ; au revoir, Marie.

— Puisque vous êtes promis, vous pouvez bien vous embrasser…

Les jeunes gens ne se firent pas prier et s'embrassèrent chastement sur les joues. Marie eut un frémissement en songeant au baiser qu'ils avaient échangé dans l'après-midi. Elle resta là, immobile, bien après que la silhouette de Vincent eût disparu derrière les derniers chênes de l'airial.

Elisabeth tardait à s'en aller en ce dimanche soir. De temps en temps, elle venait rendre visite à sa mère qui se plaignait de ne plus pouvoir faire le petit kilomètre qui les séparait. Marguerite soupçonnait sa belle-sœur d'être plus motivée par la curiosité que par des préoccupations filiales. Elle ne se trompait pas. Dès que Vincent pénétra dans la pièce, elle se précipita sur lui, fixa son regard et demanda en l'embrassant :

— Alors ?

— Alors, je crois que je vais me marier… J'ai promis.

— Comment est-elle ?

— Oh, elle n'est pas bien habillée comme toi, répondit Vincent en pinçant sa robe, mais elle est bien jolie, ma foi, et gentille…

— Dis donc, tu es déjà amoureux !

— Ça vaudrait mieux peut-être…

— Tu te maries quand ? Tu vas faire une grande noce ?

La mère s'interposa.

— Et qui va payer ? Tu oublies qu'elles sont sans le sou…

Visiblement, la mère n'entendait pas laisser Elisabeth prendre la situation en main, comme elle s'essayait à le faire souvent.

— Pourquoi tu te hérisses comme ça ? On ne va pas te le manger, ton Vincent.

— Ne commencez pas à vous chamailler toutes les deux ! Jeanne Barricat voudrait qu'on se marie au plus vite.

— Vite, vite, pas avant carnaval tout de même…

Elisabeth reprit :

— Eh bien voilà, c'est une bonne date carnaval ! Il est temps que j'y aille, moi… Ah, cette semaine, il vaudrait mieux que ce soit Vincent qui vienne pour préparer le jardin.

Depuis toujours, on donnait une journée par semaine au propriétaire. Pendant longtemps, Vincente s'était acquittée de cette tâche lessive, repassage, ménage... Marguerite avait tout simplement pris le relais lorsque sa belle-mère avait connu quelques défaillances. Parfois, on faisait appel aux hommes pour les travaux pénibles. Depuis le décès de sa patronne, Elisabeth, engagée comme servante, se comportait de plus en plus en gouvernante et il en coûtait à Marguerite d'obéir à sa belle-sœur. Elle poussa un soupir de soulagement lorsque celle-ci quitta la pièce.

Le repas du soir, un bol de lait dans lequel on trempait du pain de seigle, se prit dans le calme.

Marguerite, toujours prompte à chercher querelle, était partagée entre le plaisir de voir partir Vincent et la rancœur de le voir s'installer comme propriétaire, même s'il avait affirmé que tout était à l'abandon.

Jean ne se préoccupait pas trop de la situation, c'était l'affaire de la mère, et puis il savait Vincent capable de se débrouiller seul. Il n'avait que dix-sept ans lorsque le père les avait quittés. En frère aîné, c'était lui, Jean, qui avait contribué à former Vincent qui, par ses facilités et son intelligence, n'avait pas tardé à le dépasser.

Vincente, assise dans son coin de cheminée attitré, écoutait ses fils préparer le travail de la semaine. Son cadet avait raison. Puisqu'il allait bientôt partir, il fallait avancer les travaux, quitte à prendre un peu d'avance sur la nature.

De temps en temps, elle s'assoupissait et perdait le fil de la conversation, mais pour rien au monde elle ne se serait couchée la première. C'était elle qui rassemblait les dernières braises et qui repoussait les cendres avec un petit balai de bruyère.

Vincent ne trouva pas le sommeil tout de suite, il revit le visage de la douce Marie et revécut le baiser qu'il lui avait volé et auquel elle ne s'était pas dérobée. Puis il établit un plan pour redonner un peu de vie à cette ferme et la rendre un peu plus accueillante pour le mariage. Une idée s'imposa à lui : on ne pouvait pas vivre des produits de cette propriété, il lui faudrait trouver autre chose. Il avait du temps pour y penser. A nouveau, le petit visage rond de Marie vint le hanter, et c'est cette image qu'il emporta dans son sommeil.

Marie était sur un nuage et cela n'échappa point à sa mère. Tant mieux si ce jeune homme lui plaisait, il lui paraissait très convenable à elle aussi. Cependant, Jeanne Barricat se méfiait, elle-même s'était mariée par amour, mésalliée plutôt, car Jean Barricat n'avait pas été à la hauteur de ses espérances.

Qu'importe, il était bien tard maintenant pour s'apitoyer ! Elle souhaitait seulement que sa fille ne subisse pas le même sort qu'elle. Elle y veillerait autant qu'elle le pourrait. Jeanne ne passait pas pour être tendre, et Vincent Darnère n'aurait qu'à bien se tenir s'il ne voulait subir son courroux.

— De quoi avez-vous parlé tous les deux ?

— Oh, des bêtes, comment on labourait la terre... Tiens, il m'a demandé si on allait jusqu'au ruisseau pour y mener boire le troupeau...

— Il s'installe quoi...

— Maman, c'est toi qui le lui as dit...

— De toute façon, pour faire plus de mal qu'il y en a, il faudrait qu'il soit bien mauvais...

— Je ne comprends pas, je croyais qu'il te plaisait !

— C'est vrai, mais je vais devoir garder les yeux ouverts pour toutes les deux. Regarde-toi, tu es tombée sous le charme, j'en ai peur…

— Je l'ai à peine vu.

— Sûr que ça a suffi. Bon, je ne sais pas comment on va t'habiller, et ton trousseau qu'on n'a pas pu finir…

— Laisse le trousseau puisque je reste ici, je le terminerai petit à petit.

Dans la lande, dès quatorze ou quinze ans, une fille préparait son trousseau elle-même, mais c'était la mère qui achetait le tissu à force de sacrifices énormes, bien souvent à l'insu du père.

Chez les Barricat, il n'y avait plus d'argent depuis bien longtemps et Jeanne craignait fort le qu'en-dira-t-on.

— Que va-t-on faire pour le repas ? Qui va-t-on inviter ?

— On a le temps de penser à tout ça, je vais me coucher.

Marie songea qu'elle avait sûrement de la chance, une fille ne se posait pas de questions, elle épousait l'homme qu'on lui imposait en fonction des calculs ou des ambitions des parents, et certaines y laissaient bien des illusions.

Marie n'avait pas d'envies démesurées, elle aspirait simplement à vivre avec un peu moins d'insécurité matérielle.

Qui pouvait se targuer, dans ce pays, de mener un projet sans le voir ralenti ou réduit à néant par des éléments meurtriers, le vent, l'eau, le sable, le feu, les épidémies ? Autant de fléaux qui sévissaient les uns après les autres, et quelquefois simultanément. De quoi rendre l'humilité aux plus entreprenants et aux plus orgueilleux.

On vivait pratiquement en autarcie dans ce coin de lande, et ce fut bien difficile à certaines périodes.

— Vincent, tu passeras me voir avant de t'en aller.

Le jeune homme s'était employé toute la journée à nettoyer le jardin d'Antoine Magnes, à y épandre le fumier et à le bêcher. Au printemps, sa sœur y ferait planter des fleurs. Ici, point de potager, les différentes métairies pourvoyaient largement à la consommation des légumes.

La semaine avait paru longue à Vincent, il s'était pourtant acharné au travail. Le matin, il fendait du bois, puis, lorsque le sol avait dégelé, il retournait la terre du jardin avec un soin particulier. Au début, sa mère trouvait stupide cette passion, et puis, petit à petit, devant la réussite de son fils, elle se plaisait à faire visiter, non sans fierté, ce lopin de terre qui jouxtait la maison. Chacun était en admiration devant les choux, les pommes de terre, les carottes, les poireaux, les salades, et bien d'autres légumes, sans compter les fleurs, les rosiers, entre autres, qui ornaient la barrière et l'entrée de la maison. Vincente ne manquait pas d'en offrir un bouquet à chacun de ses visiteurs.

Vincent attisa le brasier qu'il avait allumé et se dirigea vers les cuisines.

— Tu veux boire ? demanda sa sœur qui sortit un verre et une bouteille de vin sans attendre la réponse. Si j'ai bien compris, ta Marie a à peu près la même taille que moi et je lui aurais volontiers donné une de mes robes, mais maman va encore crier... Viens voir, j'ai quand même un joli tissu bleu qui irait très bien... Voilà, si elle ne sait pas faire ou ne veut pas, je paierai la couturière pour qu'elle ait quelque chose de mignon pour le mariage. Ce sera mon cadeau.

— Merci, je le lui apporterai demain.

— Antoine veut te voir aussi, on va aller dans son bureau… Je lui ai dit.

— Ah, Darnère ! Alors tu te maries ?

— Il faut bien…

— Tu sais, j'ai beaucoup d'estime pour toi, tu vas nous manquer. Si tu as besoin de quoi que ce soit, n'hésite pas. Un conseil : produis de la gemme, ça finira par rapporter un jour…

Antoine Magnes prêchait pour sa paroisse, il avait construit voici quelques années un atelier de distillation pour la résine de pin et commençait à en retirer des bénéfices substantiels.

Des pionniers avaient entrepris de reconstruire la forêt en pin maritime cinquante ans plus tôt, notamment les frères Desbieys, d'éminents membres du clergé qui s'étaient réfugiés dans leurs terres au lendemain de la Révolution après un séjour en Espagne. Ce travail, encouragé par Napoléon Ier s'avérait payant. On se disputait le charbon pour la production de la fonte dont les Landes étaient en passe de devenir les premières productrices de l'Hexagone. La gemme, dont on savait extraire l'essence de térébenthine depuis 1810, était également très recherchée.

Vincent était flatté par les paroles de son interlocuteur, surtout que celui-ci avait davantage tendance à houspiller ses employés qu'à leur faire des compliments. Il voyait là une intention bienveillante à laquelle sa sœur ne devait pas être étrangère et ne croyait pas à la sincérité des propos.

Les Darnère avaient toujours eu de la retenue envers les gens qu'ils considéraient comme des supérieurs.

Néanmoins, Vincent remercia chaleureusement Antoine Magnes et repassa par les cuisines récupérer son étoffe.

— Il t'aime bien, tu sais, ajouta Elisabeth.

— Oui, oui, merci pour le tissu.

C'est en rentrant chez lui qu'il apprit que Chicot avait été gravement blessé par son cheval.

Ça ne l'étonnait pas, il avait dû intervenir deux jours auparavant alors que Chicot maniait le fouet pendant que Jean tentait de poser des fers à l'animal. Ils avaient envoyé l'homme bavarder avec les femmes, et ce n'est qu'au bout de deux heures qu'ils étaient parvenus, à force de patience, à poser les fers au cheval. Vincent s'était à nouveau fâché lorsque Chicot, la bride à la main, jouait du fouet pour exprimer sa rancœur à la bête.

C'était un petit cheval qui venait des marais de Contis où quelques spécimens vivaient à l'état sauvage. Chicot tentait de le dresser pour les travaux domestiques, Jean et Vincent avaient prédit qu'il n'y parviendrait pas. Dommage, c'était un animal qui avait une belle allure. Il aurait pu tomber sur un meilleur maître.

En attendant, Chicot n'était pas bien avancé. Vincent projeta d'aller lui rendre visite dès le lundi.

Vincent avait dépassé le château de Castéja, une construction du Moyen Age aux murs gris et épais, avant que le soleil rougeoyant pointe ses rayons juste dans ses yeux, derrière la côte. Il s'était tracé le travail pour la journée et avait emporté des outils dans sa musette. Il n'avait pas oublié le coupon de tissu, bien enveloppé, qui côtoyait un marteau, des ciseaux et des clous qu'il avait forgés à temps perdu, tandis qu'une scie en bandoulière battait dans son dos.

De temps à autre, il frappait dans ses mains pour les réchauffer ; le vent d'est avait entraîné avec lui un froid glacial. Malgré son désir de presser le pas, le sol gelé sous ses sabots empêchait une progression rapide.

A son arrivée à Châton, il fut déçu : seul le chien qui vint chercher une caresse, l'attendait. La maison semblait vide, la cheminée fumait normalement. Le jeune homme frappa à la porte, actionna le loquet en pure perte. Il se rassura en se disant que c'était dimanche et que les femmes étaient sans doute à la messe. Avec ce froid, elles étaient bien courageuses. Malgré les exhortations des prêtres, la fréquentation des églises était souvent proportionnelle aux malheurs de chacun. Il suffisait d'une catastrophe naturelle pour qu'elles s'emplissent.

Vincent voulait d'abord aménager un coin de l'étable pour isoler les brebis qui allaient mettre bas et les agneaux. Il rassembla les bois, tailla, cloua. Son ouvrage prit très vite forme. Il n'avait plus froid, la température de l'étable était douce et les bêtes se montraient plus curieuses qu'apeurées. Lorsqu'il eut terminé, il entreprit d'ériger une barrière devant la maison — un vœu pieux, avait confié Jeanne Barricat —, à laquelle il avait bien l'intention d'apporter une note fleurie en plantant quelques rosiers.

Soudain, le chien quitta ses jambes pour revenir bientôt avec ses maîtresses.

— Tu es venu bien tôt ce matin, nous étions à la messe, il faut bien…

— Je voulais avancer quelques bricoles, je n'ai pas voulu ouvrir les bêtes, le sol dégèle à peine…

— On se change et on va s'en occuper.

— Mais je vais y aller, faites votre travail… Ce soir, on séparera celles qui sont grosses ; j'ai remarqué que quelques-unes sont au bout.

— Tu as fait ça aussi ?

Marie était restée en retrait, comme paralysée. Elle avait craint un moment que le garçon recule devant l'ampleur de la tâche et qu'il ne revienne pas. Cela avait fait l'objet d'une prière secrète, déjà exaucée. Elle s'avança.

— Je vais voir, maman.

— Ne te salis pas…

Marie haussa les épaules ; en d'autres temps, elle aurait repris sa mère pour lui expliquer qu'elle n'avait plus dix ans. Pour l'instant, elle avait une autre préoccupation. Dans l'étable, loin des regards, elle posa sa main sur le bras de Vincent ; leurs yeux se rencontrèrent, implorant la même chose : un baiser.

Le troupeau libéré se précipita vers le soleil et s'enfonça dans les broussailles.

— Ma sœur t'a envoyé du tissu pour ta robe de mariée. Elle a du goût, mais je ne sais pas si cela va te plaire.

Vincent se dirigea vers sa musette, retira délicatement le paquet et le tendit à la jeune fille.

— Mais il est très beau, je vais le montrer à maman.

Planté là, Vincent n'eut d'autre recours que de continuer son travail. A midi, il ne lui restait que le portillon à ajuster pour le mettre en place, il forgerait les charnières dans la semaine.

Marie reparut sur le seuil.

— Tu viens manger ?

— Je viens, répondit-il en rangeant ses outils.

— Mon pauvre garçon, lui dit Jeanne, tu veux bien faire, assieds-toi.

Une odeur de bouillon parfumait la pièce, la maîtresse de maison avait préparé une poule au pot à laquelle le garçon fit honneur.

Marie avait confectionné des beignets qu'il dévora avec la même ardeur.

— Marie voudrait coudre sa robe elle-même, mais il ne faudrait pas gâcher le tissu, il est superbe, c'est juste ce qu'il fallait.

— Vous faites comme vous voulez, ma sœur a promis de payer la couturière si c'est nécessaire, c'est son cadeau de mariage.

— Tu as parlé à ta mère ?

— Oui, elle pense que carnaval serait une bonne date. Elle voudrait savoir si vous inviterez beaucoup de monde et ce que vous pensez faire pour le repas.

— Pour carnaval, c'est d'accord, on y avait pensé aussi. Des invités, je ne vois pas lesquels, vu que tout le monde nous a laissées tomber à part quelques-uns... Pour le repas, j'ai pensé qu'on pouvait tuer le cochon le dimanche, comme ça on n'a pas à se casser la tête le lundi. Si on est nombreux, on pourra tuer une brebis, il y en a qui n'ont pas pris le mâle.

— Ça ira comme ça, je pense que ma mère sera d'accord, mais elle voudra participer. On ne sera pas nombreux non plus.

— Ah, si tu pouvais regarder le four à pain, je ne peux plus m'en servir.

— J'irai jusqu'au ruisseau tout à l'heure, il doit y avoir de l'argile, je réparerai aussi les fentes dans le torchis. Ce serait bien si on pouvait donner un coup de chaux par-dessus... J'ai aussi dans l'idée de défricher au bord de l'eau pour y faire une prairie et un potager pour l'été.

— Tu fais ce que tu veux, je vois que tu as des idées.

Vincent garda pour lui ce qui lui trottait dans la tête depuis la vieille, le cheval de Chicot lui plaisait et il avait l'intention de le négocier, certain que ce dernier voudrait s'en débarrasser.

Le soir, il isola une dizaine de brebis qui n'allaient pas tarder à mettre bas. Le dimanche suivant, il mettrait le feu au bord du ruisseau et creuserait deux fossés pour défricher et drainer le terrain.

Jeanne Barricat était suffoquée par un tel enthousiasme. Durant toute sa vie, Jean, son mari, avait eu moins de projets que le jeune homme en quelques jours.

La nuit allait tomber, mais Vincent décida de passer par le marais pour se faire une idée de ce qu'il allait pouvoir entreprendre.

Il n'avait pas fait deux cents pas sur le sentier qui menait au ruisseau qu'un homme qui semblait le guetter sortit de derrière un énorme châtaignier en haut de la côte et l'interpella :

— Qui es-tu, toi ? Qu'est-ce que tu fais chez moi ?

La démarche lourde et difficile de l'homme qui s'appuyait sur un bâton trahissait un certain âge. Grand, large d'épaule, il paraissait quand même impressionnant. Sans attendre de réponse, devant le jeune homme quelque peu interloqué, il posa une nouvelle question :

— Tu viens de chez ma sœur ? C'est toi qui vas épouser ma nièce ?

— Oui, balbutia Vincent... Je ne savais pas.

— Oh, je me doute que Jeanne ne t'a pas parlé de moi. On est en froid en ce moment, elle prétend que, si ses moutons crèvent, c'est à cause de moi.

— Ça n'est pas à cause de vous...

— Comment tu peux savoir ?

— Les bêtes sont dégénérées, il faut changer la race, et surtout éviter de les laisser boire dans l'eau croupie de cette mare qui sent mauvais. J'ai dit à Marie de les mener boire au ruisseau.

Enhardi par le regard incrédule du vieil homme peu habitué à entendre des raisonnements pleins de bon sens, Vincent continua :

— Justement, je passais par là pour voir les limites, je voudrais nettoyer un bout de marais pour y faire une prairie et un jardin.

— Dis donc, tu as l'air décidé, toi, j'espère qu'on va s'entendre.

— Je l'espère aussi.

— Le marais nous appartient à tous les deux, on n'a jamais vraiment tracé les limites, vu que personne n'y va, même pas les bêtes. Le sentier te mène à la source, c'est ça la limite, de ce côté-là tu peux défricher ce que tu veux... Et c'est pour quand, ce mariage ?

— Le lundi de carnaval.

— Tu sais, j'aime bien Marie, elle s'est élevée avec mon petit-fils qui a juste trois ans de moins qu'elle. J'espère que ma sœur oubliera ses griefs et qu'elle nous invitera...

— J'y veillerai.

— Oh, je m'attends à tout avec elle.

Antoine Mesplède, que l'on appelait Châton, comme son père jadis, était quelque peu prisonnier d'un gendre qui avait cru acheter la propriété en épousant sa fille Simone et en apportant en dot une petite fortune qui faisait cruellement défaut au domaine.

Il faisait nuit noire maintenant, le froid se faisait plus vif. Vincent bifurqua à gauche et s'éloigna en direction de Poursit.

Bizarre tout de même. Bien sûr, il connaissait l'existence de Châton et des brouilles de famille qui venaient pourrir les relations, mais les femmes n'en avaient fait mention à aucun moment. Châton ne lui était pourtant pas apparu très belliqueux.

— Tu as besoin de moi ce matin ? demanda Vincent à son frère.

— Je ne pense pas, pourquoi ?

— Je vais rendre visite à Chicot.

— Oh, il paraît que ça n'est pas si grave.

— Ça ne fait rien, je vais le voir.

— Toi, tu as quelque chose derrière la tête.

— Ça se pourrait... Au fait, qu'est-ce que tu comptes faire des débris de la voiture qui est là-bas ?

— Qu'est-ce que tu veux en faire. Seule la ferraille est bonne.

— Justement, il se peut que j'en aie besoin.

— D'accord, je crois que j'ai compris, bonne chance.

C'était le Margan qui leur avait demandé de la réparer. Devant l'ampleur de la tâche, Jean avait baissé les bras et laissé traîner quelque peu. Le Margan était mort et personne n'avait réclamé le débris.

— Ah, Darnère, regarde dans quel état m'a mis cette sale bête.

Vincent ne voyait pas, il lui semblait au contraire que Chicot était en pleine forme. Cependant, il abonda dans son sens.

— Mon pauvre, il faut faire très attention avec ces animaux, ils ont conservé l'instinct sauvage, leurs réactions sont imprévisibles...

— Ne m'en parle pas, celui-ci est pire que tous, je croyais faire une affaire, mais c'est le voyou qui me l'a vendu qui l'a faite. Maintenant, non seulement on rit de moi, mais je ne rentrerai pas dans mes fonds.

— Tu l'as payé cher ?

— Mais non, trop quand même…

— Tu en voudrais combien ?

— Vrai ? Il t'intéresse ? Tiens, comme c'est toi, je te le laisse pour cinq brebis pleines.

— Comme tu y vas, autant que j'achète une belle jument déjà dressée !

Les deux hommes s'engagèrent pour le jeu dans une âpre discussion. Chicot était un peu maquignon ; quant à Vincent, il sentait le terrain propice. Son voisin ne ferait jamais rien de son cheval et, s'il ne s'en débarrassait pas maintenant, personne n'en voudrait, car il allait le rendre encore plus agressif.

— Bon, je m'en vais. Je vois que tu te moques de moi.

— Tu ne veux pas que je te le donne !

— Trois brebis, c'est tout ce qu'il vaut.

— Pleines…

— Non.

— C'est bien parce que c'est toi, que tu es le seul à pouvoir en tirer quelque chose, et puis vous m'avez rendu assez de services avec ton frère. Tu l'emmènes tout de suite, je ne veux plus le voir.

Les deux hommes se serrèrent la main. Vincent, tout fier, attrapa un licol qui pendait à un clou devant l'écurie. Il ferma la porte derrière lui, laissa ses yeux s'habituer à la pénombre et resta immobile, la main pleine de grains de maïs tendue vers l'animal.

Il lui fallut une bonne vingtaine de minutes pour que la gourmandise prenne le pas sur la crainte et pour faire accepter le licol dépourvu de mors au cheval. A l'air libre, l'animal eut bien quelques velléités. L'homme le serrait de près, il l'entraîna avec lui en le flattant et en l'encourageant de la main et de la voix.

Jean vit apparaître le couple, un large sourire illuminait le visage de son frère.

— Ah ! tu as réussi, je m'en doutais. Combien il te l'a fait ?

— La valeur de trois brebis.

— Quoi ? Il te l'a donné…

— Que voulais-tu qu'il en fasse… Tiens, tu veux bien dégager la petite écurie ?

Jean sortit tout ce qui pouvait blesser l'animal et ils l'enfermèrent.

Toute la semaine, Vincent s'employa à réparer la carriole et à dresser l'animal qui, de moins en moins craintif, faisait de rapides progrès. La mère n'avait fait aucun commentaire lorsque Vincent lui avait demandé l'argent, alors que Marguerite s'était renfrognée un peu plus.

Chicot prit son dû sans discuter.

— Je ne peux pas encore bouger, tu ne veux pas relever mes nasses ? demanda-t-il à Vincent.

La proximité de la rivière offrait à Chicot la possibilité de pêcher l'anguillon durant une bonne partie de l'hiver et il ne s'en privait pas.

Vincent connaissait le travail : gamin, il venait souvent donner un coup de main et il rentrait toujours avec un sac rempli d'anguillons. C'était une activité dont Chicot tirait un bon profit. Patiemment, Vincent remplit les caissons percés de trous qui permettraient de conserver les bestioles vivantes dans l'eau jusqu'à leur vente.

— Tu en emporteras, lui avait dit Chicot.

Dans son sac, il y en avait bien pour la famille et pour emporter à Châton. On faisait des grillades sur les charbons dans la cheminée, c'était un délice.

Le soir à la veillée, on s'était mis d'accord sur les invités et sur les modalités de la noce. Vincent voulait un mariage simple et la mère abondait dans son sens, ça ferait une douzaine de personnes tout au plus. Marguerite en était toute retournée, elle s'attendait à ce qu'on l'oblige à rester à la maison avec son dernier-né, mais non, Vincent avait annoncé que les petits et les femmes prendraient la voiture et que Jean conduirait le cheval.

— Tu veux nous faire mourir, avait dit la mère…

— Mais non, tu verras, le cheval sera prêt, un vrai mouton…

Marie ne tenait pas en place, elle avait dissuadé sa mère d'aller à la messe et Vincent qui n'était pas là…

Plusieurs fois, elle était sortie, soit sur le pas de la porte, soit pour voir les agneaux nouveau-nés. Toute la semaine, elle s'était activée, tenant scrupuleusement compte des recommandations de Vincent. Tout s'était bien passé. Huit agneaux étaient nés, au grand dam de Bidaou qui, de temps en temps, venait dispenser ses conseils.

Il ne déplaisait pas à Jeanne de voir sa fille s'agiter ainsi. Les deux femmes s'étaient affrontées dans la semaine à propos de la robe de mariée. Jeanne avait obtenu qu'elle soit au moins taillée par la couturière, même s'il devait lui en coûter un agneau.

— Maman, ça fume vers le ruisseau. Vincent doit être là-bas, j'y vais.

Essoufflée par la course, elle l'aperçut derrière un rideau de flammes.

— Tu es là depuis longtemps ?

— Au jour, regarde, le vent m'aide à gagner du terrain, il fallait en profiter. Et toi, tu n'es pas à la messe ?

— J'ai convaincu maman que tu aurais besoin de moi.

— Alors, prends la fourche et fais avancer le feu. Tiens, comme ça...

Vincent employait la technique des bergers qui, pour avoir de l'herbe tendre, n'hésitaient pas à enflammer des dizaines d'hectares de taillis et de broussailles. On les tenait à l'œil, maintenant que la forêt prenait de l'ampleur sur la lande.

Le feu avait déjà gagné bien du terrain, les herbes séchées par le gel brûlaient comme de l'amadou, laissant de-ci de-là quelques squelettes de saules ou de vergnes que Vincent taillait à la hache pour les brûler sur un brasier plus important.

Bien vite, les flammes atteignirent le ruisseau pour s'y éteindre tout naturellement. Les jeunes gens s'acharnaient, la sueur qui perlait à leur front traçait des sillons noirs sur leurs visages. Ils se moquaient l'un de l'autre tandis que l'heure tournait sans qu'ils y prennent garde.

Inquiète, Jeanne vint les retrouver.

— Eh bien, qu'est-ce que vous faites ? Il est plus de midi, vous ne venez pas manger ?

— On arrive, lança Marie.

Vincent jeta un dernier coup d'œil au brasier, rassembla les tisons, saisit sa musette et rejoignit les femmes.

— Bonjour, Jeanne, je vous ai apporté des anguillons.

Puis, sans attendre de réponse, il enchaîna :

— On a bien travaillé, n'est-ce pas ?

— Vous avez bien travaillé, oui, et vous êtes jolis aussi tous les deux. Allez, à table !

— Je montre les agneaux à Vincent.

Le jeune homme expliqua comment il comptait valoriser le troupeau. On vendrait tous les mâles à un mois et on garderait les plus belles agnelles que l'on ferait téter à deux mères pour qu'elles se développent plus vite.

— Je vous ai préparé de l'eau chaude, vous n'allez pas manger dans cet état.

L'odeur des anguillons qui grillaient sur les charbons supplantait celle de la soupe. Les jeunes gens mangèrent avec appétit tout en se souriant et en bavardant.

— Dimanche prochain, je t'emmène dans ma famille, je ne pourrai donc pas faire grand-chose ici. Carnaval est dans trois semaines et il me reste encore beaucoup à faire. Cet après-midi, je vais regarder le four et boucher les trous dans le torchis. Il me restera à blanchir la façade et à bêcher devant la porte. Si je manque de temps, je viendrai un jour en semaine.

— Tu fais comme tu veux, je trouve que tu en fais déjà beaucoup.

La nuit le surprit alors qu'il était perché sur une espèce d'échelle, occupé à remplir les interstices entre le bois et le torchis. Le four lui avait pris plus de temps que prévu, et encore la porte ne fermait pas très bien.

Marie était restée avec lui une bonne partie de l'après-midi. Les jeunes gens se sentaient bien ensemble et les voir ainsi réjouissait Jeanne Barricat.

— La soupe est chaude, tu en veux une assiette avant de partir ?

— Oui merci, je veux bien. Surtout ne faites pas trop de feu dans le four, il faut qu'il sèche lentement.

— D'accord, mais dépêche-toi de rentrer, il fait très froid…

Le jeune homme eut du mal à se défaire du chien qui tentait de l'accompagner et qui le regarda, l'air malheureux, s'éloigner dans la nuit.

Toute la matinée, Antoine Mesplède avait observé Vincent et sa nièce qui s'activaient à défricher. Le sol fut mis à nu avec une rapidité étonnante. Depuis longtemps, il n'avait vu déployer autant d'énergie. Se pouvait-il que sa sœur, pour une fois, ait eu la main heureuse ? Le vieil homme la connaissait parfaitement : têtue, teigneuse, elle lui avait causé bien des soucis. D'abord, pour épouser le berger de la ferme sur un coup de tête. Jean Barricat était un brave homme, auréolé par la campagne d'Egypte et engagé pour s'occuper des moutons avec lesquels il partait dans la lande pour plusieurs jours. Lorsqu'il mourut en 1827, on ne sut pas si c'était sur les rives du Nil ou dans les marécages de la lande qu'il avait contracté le paludisme qui l'avait emporté.

Antoine fit ce qu'il put pour aider sa sœur à se tirer d'affaire, d'autant que la petite Marie n'avait que cinq ans. Episodiquement, Jeanne, par des crises souvent injustifiées à ses yeux, le renvoyait sur ses terres. Dernièrement, elle clamait partout que, si elle ne trouvait pas de prétendant à sa fille, c'était parce que son frère leur faisait une mauvaise réputation.

Antoine Mesplède était las de tout cela, il avait richement marié sa fille Simone à l'âge de seize ans avec Jean Soulan. Pas plus l'argent de son gendre que les bras de son beau-frère n'avaient réussi à donner un peu d'allant à l'important domaine qui leur permettait tout juste de survivre. Ce qu'Antoine Mesplède observait, dissimulé derrière les joncs, le laissait perplexe... Soudain, il aperçut sa sœur qui se dirigeait vers les jeunes gens d'un pas rapide. Ses traits se tendirent. Il décida de rentrer chez lui, s'appuyant sur un long bâton en prenant soin de rester invisible derrière les taillis.

Durant toute la semaine, Vincent dut aller semer des pins chez Antoine Magnes, un travail qui n'entrait pas dans les conventions et pour lequel il serait rémunéré. Persuadé que la forêt rapporterait un jour, Antoine Magnes accélérait sa politique de boisement. De plus, son atelier de résine et sa scierie avaient besoin de matière première.

Chaque matin avant de partir, Vincent exerçait son cheval, tandis que le soir tard, à la lueur de la forge, il donnait la dernière main à la remise en état de la carriole. Oh, ça n'était pas demain que l'on pourrait guider le cheval avec les rênes, mais l'animal avait perdu toute appréhension. Même attelé, pour peu que son maître le flatte et reste à ses côtés, il ne donnait plus de signe d'énervement.

— Vers quelle heure arriveras-tu demain, qu'on soit prêtes ? demanda la mère.

— Je ne sais pas, 10 h, 10 h 30…

Vincente, à qui il fallait près d'une heure pour aller à Poursit, s'étonna :

— Tu veux la faire courir !

— Mais non, j'y vais avec le cheval.

— Tu es fou !

— Et comment je vais porter la chaux ? Au fait, j'en ai gardé pour les étables.

On avait pris l'habitude, pour éviter le drame qu'avait entraîné l'épizootie de 1775, de passer de la chaux dans les étables.

Devant l'ampleur du drame, c'était les soldats du roi qui avaient procédé à la première désinfection. Cela faisait soixante-six ans et l'on en parlait encore dans les chaumières. La race de vaches landaises aux pieds larges avait complètement disparue. On l'avait remplacée par la bretonne, qui demandait beaucoup plus de soins, mais qui avait l'avantage d'être plus productive, les anciens troupeaux ne donnant que quelques veaux souvent fragiles.

Les Darnère avaient cinq vaches, en commun avec le propriétaire. C'était surtout le travail des femmes et des enfants. A sept ans, la petite Jeanne gardait déjà le troupeau complété par une trentaine de moutons. Ici, pas de chèvres, elles dévastaient tout.

Vincent partit de bon matin, la poche garnie de graines, le cheval bien en main attelé à la voiture. L'attelage était magnifique, le jeune homme était content de lui. Lorsque Marie le vit arriver dans cet équipage, elle écarquilla les yeux.

— Eh bien, parle-lui et caresse-le, il faut qu'il s'habitue à toi, lui suggéra Vincent.

Le cheval, pour qui la récompense ne venait sans doute pas assez vite, tentait de se servir lui-même dans la poche d'où il avait vu sortir les graines. Amusé, le garçon le laissa faire.

— Regarde-moi ça, il y a quinze jours, il était encore à l'état sauvage…

— Il est à toi ? hasarda Marie.

— Oui, je l'ai acheté pour une bouchée de pain à un voisin qui ne parvenait pas à le dresser et j'ai retapé une vieille carriole. Tu es prête ?

En entendant ces mots, Jeanne Barricat rentra aussi précipitamment qu'elle était sortie. Sa fille allait-elle avoir une vie différente avec ce diable d'homme qui l'étonnait à chacune de ses visites ?

— Des agneaux sont encore nés, tu veux les voir ?

Isolées du reste du troupeau, les petites bêtes étaient toujours sur le sec, à l'abri des piétinements. Elles pouvaient gambader ou dormir, comme bon leur semblait.

— Celui-là est un peu malingre, tu devrais essayer de le faire téter à une mère qui a beaucoup de lait. Autrement, c'est bien comme ça, non ?

— Bidaou est venu, il était surpris.

— Bon, on y va ? Tu devrais prendre une couverture ou une peau de mouton pour mettre sur tes jambes à cause du froid.

Marie, endimanchée, était très belle, juchée sur le siège de la voiture ; Vincent lui avait remis les rênes en lui recommandant de ne point tirer dessus, le cheval n'étant pas familiarisé avec cette manière d'être guidé.

Des silhouettes s'agglutinèrent derrière le rideau lorsque Jean cessa de frapper le fer rouge sur l'enclume et que la voiture apparut au bout du chemin.

— Allez, ne restez pas là, commanda la mère.

Jean avait aidé la jeune fille à descendre, et déjà les deux frères s'employaient à dételer l'animal qui, après une ultime poignée de grain, réintégra l'écurie.

Vincent fit les présentations.

— Voilà la mère, Marguerite, la femme de Jean, et leurs petits, Jeanne, Catherine, Jean et mon filleul Vincent…

Marie s'empara du petit dernier sous les yeux médusés de Marguerite. Décidément, son beau-frère avait toutes les chances, cette fille était jolie, elle lui chercha vainement un défaut… Maigre sans doute… Elle était trop maigre.

— Vous n'avez pas eu froid ? Vous voulez un peu de bouillon chaud ? demanda la mère.

— On n'a pas le temps, prévint Vincent, il faut qu'on passe voir Elisabeth.

— Pour quoi faire, puisqu'elle vient manger à midi ?

— Elle m'a demandé de passer vers 11 heures, ça va être juste…

— Il faut toujours qu'elle invente quelque chose, celle-là. Méfiez-vous, elle va vous embobiner.

— Qu'est-ce que tu racontes… Allez, on y va.

— Je peux venir ? demanda Jeanne.

— Une autre fois, répondit son oncle, il faut que tu aides ta grand-mère à préparer le repas.

Elisabeth était impatiente de connaître sa future belle-sœur, elle devait guetter l'arrivée des jeunes gens, car elle leur ouvrit la porte dès qu'ils apparurent sur le perron.

Elle embrassa la jeune fille tout en la détaillant de la tête aux pieds. L'ensemble dut lui plaire, elle donna un coup de coude à son frère, lui lança un clin d'œil et laissa échapper :

— Eh bien, dis donc… Tenez, installez-vous à la salle à manger, je vais chercher Antoine.

— Alors, Darnère, il paraît que tu as une bien jolie fiancée… Mais c'est vrai ! s'exclama-t-il. Vous allez bien boire un verre, j'ai un petit bordeaux… Vous m'en direz des nouvelles.

Antoine Magnes vendait des planches dans le Bordelais et connaissait ainsi les meilleurs crus dont il achetait quelques échantillons pour les grandes occasions.

— Comment tu le trouves ? demanda-t-il à Vincent.

— En effet, il est bon.

Marie trempa à peine ses lèvres et fit la grimace. C'était fort, rien à voir avec ce vin aigre auquel il fallait ajouter beaucoup d'eau et que l'on produisait en petite quantité dans toutes les fermes.

— Quand vous mariez-vous ?

— Le lundi de carnaval.

— Je penserai à vous et, pour être un peu présent, puisque tu trouves ce vin bon, je t'en donnerai deux caisses.

Longtemps, on s'était posé la question de savoir si l'on inviterait Magnes à la noce, à cause d'Elisabeth, et voilà que de lui-même il résolvait le problème.

— Ne me remercie pas, tu l'as bien mérité, avec toi je perds un bon employé, j'espère que tu trouveras un peu de temps pour nous donner un coup de main lorsque ce sera nécessaire... Vous savez, jeune fille, vous êtes tombée sur un brave garçon.

Antoine comptait à peine huit ans de plus que Vincent, et les deux hommes partageaient la même vision optimiste de l'avenir.

Laissant la conversation se banaliser, Elisabeth, qui s'était éclipsée, revint chaudement vêtue et s'adressa à son frère :

— Vincent, il ne faudrait pas qu'on se fasse attendre... Antoine, je t'ai tout préparé dans la cuisine, il y fait plus chaud.

— Allez, soyez heureux tous les deux.

D'autorité, Elisabeth prit le bras de Marie, tentant comme à son habitude de satisfaire sa curiosité par de multiples questions.

La mère trouva sa future belle-fille un peu timide, mais, après tout, c'était normal. A plusieurs reprises, elle se fâcha avec les petites qui venaient s'interposer entre Vincent et Marie, tentant de séduire cette jeune femme qui allait leur enlever leur compagnon de jeu.

— Vous passez à Poursit quand même au retour...

— Puisqu'on en a parlé, répondit Vincent, lassé de voir la mère faire montre d'autorité.

— J'ai promis au curé qu'on irait le voir, ajouta Marie.

Le curé avait bien enregistré la date du mariage et publié les bans, mais il tenait à voir les jeunes gens pour leur faire sa leçon de morale. Vincent n'avait pas l'intention de se dérober, mais la démarche ne l'enchantait pas spécialement.

A Poursit, ils furent accueillis plutôt fraîchement, Louise ne supportait pas de ne pas être informée la première.

— Enfin, vous êtes là...

Et l'incident fut clos.

Marie n'avait pas vu passer la journée, et voilà qu'il lui fallait déjà quitter son futur compagnon. Malgré la présence constante du jeune homme à ses côtés, elle s'était sentie un peu perdue. Il lui avait manqué cette complicité, cette communion qu'elle avait ressentie les dimanches précédents. Vincent lui avait parlé de sa rencontre avec son oncle Châton.

— Tu ne crois pas qu'on devrait lui rendre visite ?

— Oh, il faut que j'en parle à maman d'abord.

— Tu veux que je m'en charge ?

— Non, non, j'attendrai le moment opportun.

A partir du dimanche 14 février 1841, ce fut l'effervescence à la ferme des Barricat. Le dimanche précédent, Vincent avait mis la dernière main, ajusté le portail, blanchi la façade, bêché le devant de la porte et apporté un peu de sable blanc pour tracer une allée du portail à la porte d'entrée. Depuis longtemps, la maison n'avait pas connu cet air de fête.

Jeanne et Marie pétrissaient la pâte du traditionnel pastis, qui lèverait ensuite auprès du feu et que l'on cuirait dans le four à pain. Elles avaient accompli le grand ménage pour recevoir leurs invités.

Le samedi, Vincent vint préparer le bois pour deux jours, installa le chaudron en cuivre, le remplit d'eau, affûta les couteaux, vérifia la maie. Rien n'était laissé au hasard. Il choisit la brebis qu'on devrait sacrifier et l'isola. Une trentaine d'agneaux s'ébattaient maintenant dans le parc. La maladie s'était brusquement interrompue avec le froid et, depuis que Vincent le lui avait demandé, Marie menait le troupeau boire au ruisseau. Le plus difficile fut d'enfermer le porc. Depuis quelques jours, on lui donnait sa pâtée dans un réduit qui servait de porcherie, mais, ce jour-là, il ne voulait point rentrer. Il fallut toute sa patience et une bonne heure à Vincent pour convaincre l'animal.

— Ah, Vincent, tu veux bien aller me chercher du cresson au ruisseau ? demanda Jeanne. Tu peux en rapporter une bonne brassée, il en faut pour deux jours.

— Je vais lui montrer où on en trouve, maman…

— Tu penses comme il est embarrassé…

Jeanne hocha la tête, tous les prétextes semblaient bons à sa fille pour s'isoler avec le garçon.

Vincent rentra bien tard chez lui le soir, et le lendemain il repartit de très bonne heure. Il aurait pu dormir à Châton, mais les convenances ne l'y autorisaient pas. Il avait promis d'allumer le feu sous la chaudière, l'eau devait bouillir au lever du jour. Jean viendrait un peu plus tard, amenant son épouse et les deux fillettes dans la carriole. La mère réservait ses forces pour le mariage et avait décidé de rester à la maison pour garder les garçons. Sous ses airs bourrus, elle cachait son émotion, elle allait perdre son préféré.

L'eau commençait à frémir lorsque Jean et Bidaou arrivèrent en même temps. Les Poursit ne tardèrent pas, Antoine Mesplède était là aussi avec son gendre et chacun s'affairait comme si rien ne s'était passé, retrouvant les gestes ancestraux dans un rituel immuable.

Vincent et Marie avaient rendu visite à Châton, Jeanne leur avait dit de faire comme ils l'entendaient, soulagée dans le fond que les jeunes gens prennent l'initiative. Ils avaient été reçus tout à fait cordialement, Simone et sa mère s'étaient montrées curieuses et avaient posé un tas de questions à Vincent, puis elles avaient parlé des tenues pour le mariage avec la jeune fille. Le vieil homme avait tenté une nouvelle fois de cerner la personnalité de son futur neveu, tandis que son gendre, peu bavard, écoutait sans se mêler à la conversation.

Bidaou faisait office de boucher. Malgré sa force et sa nervosité, le porc ne leur donna pas trop de mal. Vincent, Poursit, Jean et Soulan tinrent chacun un pied, Antoine Mesplède se contentant de fournir les récipients, de passer l'eau et les outils. Jeanne Barricat étant préposée d'office à la collecte du sang de l'animal pour les boudins. Vincent apprécia la prestation de Bidaou qui œuvrait méticuleusement et proprement. Si l'on voulait conserver le porc avec quelque chance de réussite, il était indispensable d'agir avec une grande propreté.

On déjeuna avec de la tripe de volaille, de l'escoton et un morceau de gorge de porc coupé en pavés, que Louise avait fait griller sur les charbons le temps que les hommes terminent. Normalement, leur tâche s'arrêtait là, mais, ce jour-là, il leur fallut encore sacrifier la brebis et la dépouiller pendant que les femmes, qui avaient réquisitionné Vincent et Mesplède, s'occupaient des boudins.

Louise préparait une sauce au vin blanc avec des débris de viande que Bidaou avait taillés à cet effet et qu'on appelait la « sale ».

Personne ne posa la question de savoir si l'on cuisait les boudins avant ou après le repas, les hommes attendraient pour manger. Pas question de perdre quelques précieuses minutes. Chacun fit honneur au menu, même si l'on avait réservé les meilleurs morceaux pour le lendemain. Puis les plus acharnés entreprirent bien vite de jouer aux cartes, une occupation incontournable pour une tue de cochon. Les femmes eurent bien du mal, à la nuit tombante, à convaincre leurs époux de quitter la table, il fallait préparer la maison pour la noce.

Bidaou, qui avait sans doute un peu trop levé le coude, éprouva quelques difficultés à tenir sur ses jambes. Vincent avait ouvert quelques bouteilles sans toucher toutefois au vin d'Antoine Magnes, qu'il réservait pour le grand jour.

Jean, à qui l'inactivité pesait, voulait rentrer depuis longtemps, mais Marguerite se trouvait toujours du travail. Hors de la maison, c'était une autre femme.

Finalement, on renvoya tout au lendemain, il était impossible d'avancer dans cette maison pleine de monde. Bidaou s'en alla de son côté, accroché au bras de son épouse, tandis que les Poursit et les Darnère prenaient le chemin opposé dans un joyeux cortège, derrière l'attelage de Vincent. Châton, qui n'avait que quelques pas à faire, était parti depuis longtemps pour décorer la charrette des bœufs.

Enfin, le lundi tant attendu arriva. Elisabeth se montra la plus matinale et pressa les enfants. Il était convenu que tout le monde partirait de Châton. Auparavant, on devait laisser les tout-petits à Poursit, le temps de la cérémonie, et emmener Jeanne Barricat en voiture avec la mère.

La vérité sur l'empressement d'Elisabeth, c'était

qu'elle voulait à tout prix mettre la dernière main à la toilette de Marie.

Vincent n'eut pas le droit de rentrer. Et, bien qu'il ne fît pas très chaud, il n'eut d'autre ressource que faire les cent pas devant la maison.

Lorsque les femmes furent prêtes, Vincent prit place dans la charrette tirée par les bœufs, en compagnie de quelques invités. Le cortège se dirigea joyeusement en direction du village, pour se retrouver devant la mairie.

Vincent n'avait d'yeux que pour la jeune fille assise dans la voiture, encadrée par sa mère et sa future belle-mère. Elle était superbe dans sa robe bleue. Lorsqu'elle descendit, Elisabeth tapota le tissu pour défaire des plis imaginaires et Vincent réalisa qu'il allait avoir une bien jolie épouse. Il enregistra l'image dans sa mémoire pour se la rappeler tout au long de sa vie. Le jeune homme n'aurait pas pensé être troublé à ce point, et ce n'est pas le maire, qui expédia les formalités, qui parvint à le tirer de cet état second dans lequel il était plongé.

Le cortège se reforma, Vincent et Marie assis côte à côte dans la voiture attelée au fier petit cheval que Jean guidait d'une main ferme.

Jeanne et Vincente occupaient la charrette de Châton en compagnie de Simone et de sa mère. Les attelages étaient décorés avec des branches de pin, du lierre et des tiges de saule qui exhibaient leurs chatons tout frais éclos qu'Antoine Mesplède considérait un peu comme l'emblème du domaine. Cela aurait été un mauvais présage si les saules qui envahissaient toute la pente et le marais jusqu'au ruisseau n'avaient pas été fleuris.

Tout au long du court trajet qui menait de la mairie à l'église, les curieux sortaient des rares maisons qui constituaient le village.

C'était un mariage commun, les femmes étaient habillées de noir, la tête couverte d'un foulard de la même couleur. Seules Marie, Elisabeth et deux ou trois adolescentes tranchaient dans ce tableau un peu sombre. Les hommes aussi avaient revêtu des tenues foncées, le béret solidement vissé sur la tête.

Qu'ils soient neufs ou usagés, les sabots claquaient sur les pavés qui menaient à l'église, dans laquelle on pénétra selon les convenances, Vincent au bras de sa mère et Marie au bras de son oncle, qui avait retrouvé toute sa superbe.

Le curé s'appliqua dans sa cérémonie entrecoupée par un long sermon, peut-être pour apprendre à ce jeune homme à lui avoir tenu tête lors de leur entrevue.

Car, comme prévu, Vincent et Marie avaient rendu visite au prêtre, et celui-ci, forcément détenteur de la vérité, s'était lancé dans une morale religieuse qui n'avait pas spécialement convaincu le jeune homme.

Vincent écoutait par respect et par politesse, mais il avait vu rouge lorsque la question des enfants avait été abordée. Il savait bien, lui, que c'était les conditions de vie et la misère qui en emportaient plus d'un sur deux, rien à voir avec un Dieu quel qu'il soit. Il avait eu ces mots qui avaient estomaqué son interlocuteur : « Ecoutez, Monsieur le curé, cela fait un moment que vous parlez du Bon Dieu, vous êtes sûr qu'il existe ? » Le curé avait marqué un instant d'hésitation avant de répondre dans un souffle, indigné : « Mais bien sûr... » Vincent avait alors enfoncé le clou : « Alors, comment expliquez-vous tous ces malheurs ? S'il y a un Bon Dieu, il ne doit pas y avoir d'enfer, et l'enfer il est ici avec tous ces drames qui nous frappent ou qui nous entourent. » Suffoqué, le prêtre avait tenté de reprendre l'avantage sans la certitude d'y parvenir, tandis que Vincent écoutait, mais n'entendait pas ses paroles. Il revoyait tous ces enfants mourir autour de lui, ses frères et ses sœurs d'abord, puis ses cousins, ses neveux, ses nièces... Le jeune homme se l'avouait, il avait peur d'avoir des enfants, il s'en ouvrirait à Marie.

Lorsque le curé daigna enfin libérer ses ouailles, le soleil attendait les époux à la sortie. Il s'était installé depuis deux ou trois jours, donnant des airs de printemps à la nature. Les hommes ne s'y trompaient pas, mars allait venir avec ses giboulées traîtresses.

Chacun reprit sa place dans les voitures et les attelages s'engagèrent sur le chemin du retour.

Elisabeth ne quitta point les époux, leur posant comme à son habitude mille questions. Marguerite, quant à elle, s'était métamorphosée depuis quelques jours. La mère avait partagé ses économies entre les deux frères, et Jean, tout naturellement, lui avait confié sa part. Depuis, elle se sentait une autre femme.

Les enfants s'égaillèrent dès que les habitations furent en vue. Avant de se mettre à table, les invités traînèrent par groupes, les uns rendant visite aux agneaux, les autres faisant le tour de l'airial...

Dix fois, Louise intima l'ordre de se mettre à table. Elle s'était quasiment imposée comme cuisinière. Rien à dire de ce côté-là, elle était compétente.

Elisabeth vint à son secours et procéda au placement, les époux au milieu, chacun sa belle-mère à côté, puis elle essaya d'alterner, un homme, une femme... Elle aurait bien aimé s'asseoir au côté de Marie, mais c'était la place de la mère, alors elle s'installa en face des époux. Louise put enfin servir la soupe.

— Jean, tu t'occupes du vin.

— Pas pour moi, bredouilla Bidaou, vous avez failli m'avoir hier…

— Allons, tu vas bien goûter à celui-là !

— Allez, pour vous faire plaisir…

Le menu n'avait rien d'extraordinaire : Louise avait préparé un grand pot de soupe avec des légumes, une poule et des os du porc que, très tôt le matin, Bidaou avait taillé et salé avec Châton et son gendre. Elle avait servi le bouillon dans une grande soupière en porcelaine bleue et blanche, seul luxe hérité du passé, puis suivirent les plats en terre cuite dans lesquels étaient disposés les légumes, la poule et les os charnus du porc.

Vint ensuite la traditionnelle et fameuse « sale », une sauce au vin blanc à base de viande de porc elle aussi et accompagnée d'escoton, une bouillie de maïs. Puis elle apporta les gigots de mouton, qu'elle avait cuits au four à pain, agrémentés de haricots et d'une salade de cresson. Pour le dessert, elle avait prévu une crème de son invention, qui irait très bien avec le pastis fabriqué par Jeanne et Marie.

On chanta et on dansa au son de la flûte sous le regard conjugué de Jeanne Barricat et de la mère, assises de chaque côté de la cheminée et exemptées pour une fois de corvée de vaisselle. Marie dut danser avec chacun des invités, tandis que Vincent se partageait entre Elisabeth et Marguerite, que le vin avait fini de dérider.

La nuit, encore précoce, était tombée depuis longtemps lorsque le couvert fut remis et que les invités s'attablèrent à nouveau.

Les convives mangèrent peu, burent un peu plus, et les plaisanteries devinrent plus lourdes. Les chants et la danse reprirent tout naturellement. Les tout-petits, Jean et Vincent, étaient couchés ; Catherine les rejoignit bien vite. Quant à Jeanne, épuisée, elle finit par s'endormir sur les genoux de sa grand-mère, qui elle aussi, malgré le brouhaha, somnolait en dodelinant de la tête.

— Jean, Marguerite, il faut y aller, regardez la petite.

Les invités complotèrent. Où allait-on ? Chez Bidaou ou bien à Poursit ? Finalement, la troupe se dirigea vers Poursit. Louise avait persuadé Vincente de dormir chez elle avec les petits. Les autres n'avaient pas encore terminé la fête. Le silence fit d'un coup prendre conscience au jeune couple que la maison était enfin vide. Jeanne avait décidé de leur laisser sa chambre, plus grande que celle de Marie dont elle se contenterait désormais. Elle se coucha rapidement, laissant les jeunes gens dans un tête-à-tête silencieux. La main dans la main, ils pouvaient enfin échanger quelques baisers. Dans un même élan, ils gagnèrent la couche confortable qui les attendait.

Depuis un moment, des chuchotements, des bruits de pas avaient réveillé Vincent qui se tenait sur ses gardes.

Tout à coup, la porte de la chambre s'ouvrit, des bougies éclairèrent la pièce.

— Debout, c'est le tourin, prévint Bidaou.

Elisabeth présenta une assiette à Marie et s'assit auprès d'elle pour la préserver du chahut. Les jeunes gens durent faire chabrot. Immanquablement, tout le monde se retrouva autour de la table où l'on fit honneur au tourin et au tripon. Seuls les hommes étaient encore en course, la plupart des femmes étant rentrées pour s'occuper des bêtes et des enfants. Le soleil se levait déjà et Elisabeth ne voulait pas s'attarder davantage. Elle décida Jean à atteler le cheval et à prendre la mère à Poursit avec les petits. Promis, il reviendrait.

Bidaou entraîna les convives chez lui.

— Aujourd'hui, c'est carnaval ! Ça se fête. Allez, les jeunes, on vous emmène.

Toute la journée, les fêtards firent la tournée des maisons du quartier pour finir chez Châton très tard dans la soirée. Le lendemain, il y aurait quelques réveils douloureux. La fête était finie, les jours à venir seraient rudes.

Deuxième partie

LA FAMILLE

Marie dut très rapidement se rendre à l'évidence : sa nuit de noces, durant laquelle elle s'était donnée avec fougue à ce diable d'homme qu'était Vincent, ne resterait pas sans suite.

Elle s'en était ouverte d'abord à sa mère, qui était partagée entre crainte et satisfaction. Vincent fut mis au courant bien plus tard. Il piaffait, le mois de mars n'en finissait pas et il lui tardait que les giboulées cessent pour donner à cette ferme un peu d'allant. Aussi, pour tuer le temps lorsque le gel pénétrait jusque dans la terre, il fendait du bois. Le bois dans la lande, ça n'était pas ce qui manquait, mais c'était pour la plupart du bois mort qui n'était pas d'une grande qualité.

Vincent préférait les vergnes et les saules du marais, les chênes aussi, mais seulement quand les tempêtes les déracinaient. L'airial était intouchable, c'était un lieu où bêtes et gens trouvaient ombrage et repos durant les journées chaudes de l'été. Il n'était pas question d'abattre un seul des arbres qui s'y trouvaient.

Ce fut un soir où elle sentit son homme calme et réceptif que Marie lui annonça qu'ils allaient avoir un enfant plus rapidement que prévu. Elle souriait et ce sourire enleva à Vincent toute appréhension. Si sa jeune épouse était heureuse, pourquoi lui gâcherait-il son bonheur ? Simplement, il resterait attentif et vigilant, tant pour Marie que pour l'enfant qui allait naître.

On avait du temps, tout un été à passer, et Vincent était impatient. Impatient de se mesurer à cette terre. Impatient de montrer qu'il était capable de redonner vie à cet endroit qui avait bien besoin qu'on s'en occupe.

Il prépara fébrilement les outils, instruments indispensables pour que la terre fournisse des récoltes suffisantes pour nourrir la famille. On n'en demandait pas davantage dans la lande, tout au plus une petite réserve pour les mauvaises années.

Puis vint le temps des labours et de l'ensemencement. Vincent mettait toute son application. En dehors de son jardin, il n'avait jamais travaillé la terre, hormis quelques coups de main de-ci de-là.

Il se disait qu'après tout c'était la même chose en plus grand et que ça n'était pas plus compliqué que de façonner des outils à la forge. Cette première année, il se laissa guider par sa belle-mère, mais celle-ci n'était pas très objective. Dans son désir d'être la première, elle avait poussé Vincent à semer les pommes de terre un peu tôt et elles avaient échappé de justesse à la gelée. Depuis que ce tubercule avait été introduit, un peu avant la Révolution, il évitait bien des famines dans la lande.

Vincent était en fait réduit à des expérimentations. Ainsi, pour la taille de la vigne, Jeanne Barricat lui avait montré comment elle procédait.

Le jeune homme trouvait cette taille bizarre et il était allé demander conseil à Antoine Magnes, qui lui expliqua comment on opérait dans le Médoc. Pas question de braquer la vieille femme, aussi partagea-t-il la taille en lui disant avec le sourire que la récolte trancherait.

Il s'était beaucoup acharné sur sa nouvelle prairie. Certes, il avait débroussaillé, mais il restait les racines des gros saules qui ne manqueraient pas de donner des rejets, un obstacle qu'il préférait éviter avec la faux. Vincent mettait dans son travail une obstination et une patience qui forçaient l'admiration des deux femmes. Châton lui-même n'en revenait pas, bientôt la prairie ne tarda pas à verdir, tandis que le petit carré de jardin fraîchement bêché se débarrassait de son trop-plein d'humidité.

Vincent avait installé sa forge auprès du four à pain et quelques voisins lui apportaient des outils à remodeler, à aciérer ou même à fabriquer. Ils ne furent pas déçus, le jeune homme excellait dans la manière d'adapter l'outil à son utilisateur et à lui donner le tranchant nécessaire pour éviter une fatigue trop rapide.

Marie commença à s'arrondir et Vincent tenta de la confiner dans la maison. Tout au plus obtint-il de lui épargner les tâches les plus pénibles ; la jeune femme avait besoin de respirer, de bouger. Vincent craignait par-dessus tout cette grossesse et cet accouchement, il avait tellement connu de malheurs autour de lui... Et puis il y avait aussi les épidémies, le manque de nourriture parfois.

La fin de l'été vint le rassurer, le grenier était bien garni.

Vincent se rappellerait le 2 novembre 1841, les femmes l'avaient bien possédé. Comprenant qu'il ne serait qu'un fardeau pour elles, au prix d'un pieux mensonge, elles l'avaient expédié au fin fond de la lande avec les moutons.

Le soir, Jeanne le pressa :

— Dépêche-toi de rentrer les bêtes, tu as un garçon.

Marie paraissait radieuse. Comment ne pas adhérer à ce bonheur ? N'empêche qu'il s'en voulait quand même et qu'il en voulait un peu aussi aux femmes, tout en reconnaissant qu'il ne leur aurait pas été d'une grande utilité. Marie était faible et ne récupéra totalement qu'au bout de deux mois. Vincent fut enfin rassuré ; son premier fils s'appellerait Antoine, comme Antoine Mesplède, son grand-oncle qui serait le parrain.

On venait de passer la Saint-Jean et Vincent s'était décidé à faucher la prairie. Il avait laissé mûrir le foin et le sol s'assécher quelque peu.

Depuis trois longues matinées, il abattait méthodiquement l'herbe haute et dense avec des gestes précis et réguliers. Il commençait à l'aurore pour s'arrêter vers midi. Chaque matin vers 7 h 30, Marie lui apportait un casse-croûte copieux. Ils s'asseyaient tous les deux sur un tronc d'arbre au bord du ruisseau, la jeune femme le regardait avaler son assiette de tourin et dévorer son pain de seigle avec du lard.

Voilà plus de deux ans que le couple était marié, le petit Antoine trottinait depuis le début du printemps et chaque jour semblait souder un peu plus cette union, à tel point que la jeune femme appréhendait l'absence de son époux lorsqu'il allait travailler en dehors de la ferme. Alors elle s'acharnait de son côté afin que le temps lui soit moins pesant. Bien sûr, il y avait son petit, mais sa mère l'avait accaparé avec un soin jaloux. Lorsque Vincent avait achevé son repas, elle retournait s'occuper des bêtes jusqu'à ce que la rosée eût disparu, là elle venait à nouveau éparpiller l'herbe fraîchement coupée.

Vincent avait éliminé toutes les mères douteuses et âgées et gardé les agnelles qui, bien nourries, étaient devenues magnifiques. D'une cinquantaine de brebis, on arrivait à près de quatre-vingts en comptant les jeunes de l'année. Pour y parvenir, Vincent avait connu quelques problèmes avec sa belle-mère, qui pourtant lui avait promis de le laisser agir à sa guise. Elle refusait de se débarrasser des chèvres, elles lui appartenaient et il n'était pas question de les vendre ou de les échanger tant qu'elle vivrait. Il avait fallu que Bidaou se fasse sérieusement réprimander par le garde du comte d'Uza pour que Jeanne Barricat comprenne enfin le problème. On ensemençait la lande nue à tour de bras et les chèvres raffolaient des jeunes tiges. Vincent n'avait pas eu assez du produit de la vente des chèvres pour acheter une vache, il avait dû ponctionner sévèrement le pécule que lui avait donné sa mère. On avait eu de la chance, une femelle était née et Vincent avait décidé de la garder. Pour nourrir les deux vaches et le cheval durant l'hiver, il fallait du foin que la prairie défrichée donnait en abondance.

Le jeune homme savait qu'à terme les moutons seraient condamnés à cause de la forêt naissante. Il fallait donc se tourner vers une autre forme d'élevage. Déjà des bagarres éclataient entre les bergers et les forestiers.

Le soleil était haut dans le ciel et la sueur inondait le corps de Vincent, qui voulait pourtant finir de faucher la parcelle.

— Dis, Marie, si tu allais chercher le repas pendant que je termine, on mangerait à l'ombre, ensuite on finirait d'étendre l'herbe.

Marie ne discutait jamais les désirs ou les ordres de son homme, elle avait gardé cette soumission qu'avaient un grand nombre de femmes vis-à-vis de leurs époux. Pourtant, Vincent la laissait libre de ses choix et ne manquait pas une occasion de la mettre en avant.

Au début, les voisins regardaient avec défiance ce que faisait Vincent ; maintenant, ils s'appliquaient à le copier. Pour la sélection des brebis et pour le jardin, Bidaou et Poursit avaient fait des tentatives et partiellement réussi pour le troupeau ; en ce qui concernait le jardin, ils avaient encore du travail.

Ce potager, c'était la passion de Vincent, il y passait beaucoup de temps avec Marie et le résultat en valait la peine. Jamais Jeanne Barricat n'avait disposé d'une telle profusion ni d'une telle variété de légumes.

L'hiver, c'était le petit jardin devant la maison qui prenait le relais, celui du bas, qui jouxtait la prairie, étant pratiquement inondé.

Le seul problème qu'avait connu Vincent avait été la vigne. Elle était mal entretenue, mal taillée ; il avait fait de son mieux, mais voilà que la futaille, à l'image de tout le reste, lui avait rendu du vinaigre imbuvable. Il avait tout jeté, avait cassé la barrique et en avait fabriqué une autre avec les cercles de l'ancienne. Si tout allait bien, il connaîtrait le résultat l'automne prochain.

Marie revint alors qu'il restait un petit carré à couper, elle installa le pique-nique à l'ombre d'un vergne tout près de l'eau.

— Couvre-toi, tu as beaucoup sué.

Vincent enfila la chemise sèche que lui tendait Marie et s'assit auprès d'elle. Ils prirent tout leur temps pour déjeuner. Après tout, le soleil accomplissait sa besogne et l'herbe serait moins lourde à remuer.

— Repose-toi un peu, dit-il à Marie, je n'en ai pas pour longtemps.

La jeune femme eut à peine le temps de rassembler les restes du repas que Vincent était déjà au travail. Elle l'aurait bien aidé, mais il était vrai qu'il ne restait pas grand-chose, et puis la fourche était à l'autre bout de la prairie. Alors elle prit le parti de s'allonger. Les feuilles des arbres bruissaient à peine, l'eau du ruisseau clapotait avec la régularité d'une horloge… Elle fermait juste les yeux. Vincent était là, au-dessus d'elle, qui la chahutait.

— Chiche, dit-elle.

Bidaou hochait la tête en triturant un épis de seigle dans ses mains nerveuses. Poursit avait raison : la récolte de Darnère s'annonçait plus belle que la sienne, les tiges étaient plus longues, les épis mieux fournis, les grains plus gros… Pourtant la semence venait de chez lui. Qu'avait bien pu faire ce diable d'homme pour connaître une pareille réussite ? Il s'en était ouvert à Jeanne Barricat qui lui avait répondu avec un sourire malicieux :

— Et je ne sais pas, moi, comment il fait. Il travaille, tiens !

Si la vieille femme avait parfois des accès d'autoritarisme, elle était consciente dans le fond que son gendre avait transformé la petite ferme en lui donnant un air de prospérité qu'elle n'avait jamais connu et qui lui permettait de redresser la tête.

La première fois que Jeanne avait senti cette fierté lui revenir, c'était quelque temps après le mariage, pour la grand-messe de Pâques à laquelle Vincent avait consenti à assister. Elle avait défilé devant tout le village, assise dans la voiture, encadrée par les jeunes gens. Un notable qui conversait avec son frère, Antoine Mesplède, s'était précipité la main tendue pour l'aider à descendre.

Depuis, prétextant la fatigue et les ans, la vieille femme répugnait à se rendre au bourg autrement qu'en voiture. Ce cheval, c'était vraiment la providence, il rendait une multitude de services.

Vincent avait dû modifier la charrette que tiraient les bœufs pour la rendre plus légère. Pour les travaux que l'on faisait en groupe avec le voisinage, on se servait de plus en plus du petit cheval en complément de l'attelage des bœufs, plus lourd, plus lent et moins maniable. Vincent n'utilisait guère les bovidés en dehors des labours et il considérait que c'était grâce à ces labours qu'il avait réussi sa récolte. Grâce au tranchant qu'il avait donné, au réglage qu'il avait effectué, il avait pu gagner cinq ou six centimètres en profondeur pour le plus grand profit du seigle, du maïs, et surtout des pommes de terre.

Le seigle de Châton n'étant pas mur, on commença à moissonner chez Bidaou. Tout le quartier participait à ce travail, hommes, femmes, enfants. Il y avait un emploi pour chacun d'eux. Seule la maîtresse de maison cuisinait le mouton prévu pour l'occasion.

C'était aussi une source de gaieté, d'amusement, qui faisait accepter le dur labeur auquel on était soumis.

Marie préférait travailler avec les hommes pour ne pas trop s'éloigner de Vincent. Le dos courbé, une faucille à la main, elle coupait le seigle sans relâche. Lorsqu'elle avait une brassée, elle la liait avec de la paille et laissait la gerbe derrière elle, bien plantée, les épis au soleil. On la ramasserait plus tard, pour dépiquer, à moins que le temps ne soit trop menaçant et que la pluie risque de pourrir le grain.

La moisson dura plusieurs jours. De Bidaou, on passa à Poursit, pour terminer à Châton alors que le mois de juillet était bien avancé.

Bien que son mari l'aidât lorsqu'elle prenait du retard, Marie dut renoncer à couper et prit l'initiative de lier les gerbes derrière les hommes.

Le dernier soir, devant le résultat, la fatigue et la boisson aidant, Bidaou s'énerva quelque peu.

— C'est grâce à ma semence si tu as une bonne récolte, Darnère…

Naïvement, Poursit le contra :

— C'est la même que la tienne, non ?

Vincent croisa le regard dubitatif d'Antoine Mesplède et tenta de calmer tout le monde.

— Allez, ne vous plaignez pas, la récolte a été bonne pour tout le monde cette année.

Le temps s'était montré propice et c'était lui plus que les hommes qui influait sur les récoltes. Les jours suivants, les hommes purent enfin se relâcher. En dehors des travaux ponctuels à la ferme, Vincent trouvait toujours du travail. De temps en temps, Antoine Magnes faisait appel à lui, et, la semaine qui suivit la moisson, il alla tous les jours à la scierie. Il partait avant le jour à pied et revenait à la nuit tombée. Tout le travail de la ferme incombait alors à Marie. Un soir, alors que Vincent venait à peine d'arriver, la jeune femme se sentit mal. Inquiet et désarmé, il la soutint de son mieux.

— Qu'est-ce qu'il t'arrive ?

— Je crois qu'on a encore fait des bêtises tous les deux, dit-elle dans un sourire retrouvé.

Elle avait quelques soupçons sur son état depuis quelque temps, mais, là, c'était certainement une confirmation.

Le visage de Vincent se ferma quelque peu. Certes, le petit Antoine se portait bien, il était un peu taciturne, mais rien qui ne l'empêchât d'avoir bon appétit et bonne mine. Le jeune homme pensait toujours à ses neveux et nièces qui étaient décédés dans une acceptation de la fatalité qui frisait la déraison. Il se promit donc de rester vigilant.

Depuis quelques jours, Vincent n'était pas tranquille, il rôdait autour de la maison, se trouvant une occupation à droite, à gauche, d'une manière désordonnée et inefficace qui trahissait sa nervosité. Ce matin-là, il avait confié les brebis au cadet des enfants de Poursit, comme il le faisait de temps en temps. Le jeune homme avait bien l'intention d'atteindre les cent têtes et, pour avoir des bêtes robustes et en bonne santé, il avait une fois de plus changé quelques béliers.

Il lui arrivait souvent, lorsque le temps était maussade, de forger de multiples outils, dans un coin qu'il avait aménagé à l'abri du four à pain.

On lui apportait des haches, des palots, de larges ciseaux emmanchés qui servaient à écorcer les billes de pin avant de les scier. De plus en plus, on lui demandait des haches un peu spéciales avec lesquelles on entaillait les arbres pour en extraire la résine. Rarement, on le rémunérait avec de l'argent pour ces travaux délicats. Chacun voulait un outil à sa main et Vincent excellait à donner la courbe ou le galbe que chaque bûcheron ou chaque gemmeur exigeait. La modestie des dons, une volaille, un pot de miel, du poisson, du bois, contribuait tout de même à rendre la vie plus confortable. A cette époque, manger à sa faim était déjà une performance.

Concentré, le marteau frappant avec régularité aux endroits choisis, le jeune homme n'entendit pas tout de suite sa belle-mère l'appeler.

— Viens vite, je crois que c'est le moment.

Le visage de Marie reprenait forme après une grimace de douleur.

— Fais vite, j'ai mal, dit-elle.

Vincent attela rapidement le petit cheval et prit la direction de Saint-Julien. Il en voulait un peu aux femmes de l'avoir laissé à l'écart pour la naissance d'Antoine et il s'était promis que cette fois il ne se laisserait pas faire, même s'il se sentait un peu largué, au point de s'arrêter à Poursit et de demander à Louise de se rendre par prudence auprès de sa femme. Mauvaise langue, mais serviable et compétente, Louise partit sur-le-champ. Il fallut presque deux heures à Vincent pour ramener la sage-femme qui se moquait gentiment de lui.

— Arrête de faire cette tête, ce n'est pas toi qui va accoucher. Et puis ce n'est pas la première fois.

Lorsqu'elle était venue rendre visite à Marie, la sage-femme avait juré que tout était parfait, ce qui n'était pas de l'avis de Vincent, qui trouvait son épouse fatiguée et qui ne lui permettait guère de s'éloigner de la maison.

Précautions inutiles, disait Jeanne Barricat, c'est naturel, cette chose-là, on n'avait pas eu autant de prévenance pour elle.

Les femmes encouragèrent le jeune homme à s'occuper de son fils et à retourner à sa forge ou à d'autres occupations. Le temps lui parut long, il tenta à plusieurs reprises d'obtenir des informations. La sage-femme s'emporta :

— Je ne veux plus te voir, on t'appellera.

Le jeune Poursit avait ramené le troupeau ; Vincent s'occupa du bétail, de la volaille, entreprit de traire la vache dont il venait de vendre le veau. Pinsolle, le boucher du village, avait vite déchanté lorsqu'il avait voulu négocier le prix de l'animal en proposant une somme dérisoire.

La demande était importante à l'approche de Pâques et Vincent ne se laissa pas manœuvrer.

— Non, non, si ça ne vous intéresse pas, je le vendrai à Saint-Julien.

Les veaux étaient rares dans le pays, et le boucher dut se résoudre à lui en donner le prix qu'il exigeait. Quant à la génisse, il pensait qu'elle était pleine, heureusement, mais quel mal il avait eu pour la mener au taureau ! Lui si patient avec les bêtes, il avait failli renoncer. La jeune vache refusait la corde et il s'était fait rouler plusieurs fois, entraîné par les mouvements désordonnés de l'animal. Son frère s'était fâché.

— Pourquoi n'es-tu pas venu me chercher ?

— Tu as bien assez de travail.

Marguerite avait eu une autre fille, dont Marie était la marraine, et elle était encore enceinte. Ce pauvre Jean ne savait plus où donner de la tête, tandis que la mère se faisait de plus en plus vieille.

La voix de Louise le tira de ses pensées :

— C'est un garçon !

Vincent se précipita, muni de son seau de lait à la main qu'il posa n'importe où en entrant dans la maison. Marie, à demi assise dans le lit, le bébé déjà emmailloté dans les bras, esquissa un sourire. Vincent les embrassa tous les deux en demandant :

— Comment te sens-tu ?

— Fatiguée, très fatiguée.

Vincent lui prit maladroitement le précieux fardeau et manqua trébucher sur le petit Antoine, qui fixait d'un regard étonné cette petite chose minuscule. A peine s'il entendit l'explication de son père :

— C'est ton petit frère.

L'enfant détala et alla s'agripper aux jupes de sa grand-mère.

— Repose-toi, conseilla Vincent à son épouse. Elle peut prendre quelque chose ? demanda-t-il à la sage-femme.

— On ne t'a pas attendu…

Puis, remarquant le lait, elle ajouta :

— Du lait avec un peu de miel lui ferait le plus grand bien.

On était le 28 mars 1844, l'enfant se prénommerait Jean Saturnin.

Vincent devait apprendre que l'accouchement avait présenté plus de difficultés que le premier et que son épouse avait été très courageuse.

Le lendemain, il irait à la mairie, avec deux témoins, déclarer la naissance.

— Tu n'oublieras pas de prévenir le curé, lui rappela Jeanne Barricat.

En fait, ce fut Antoine Mesplède qui se chargea des démarches, comme la première fois. Vincent et Bidaou ne firent que l'accompagner gauchement.

Marie eut beaucoup de mal à se remettre de sa maternité, elle ne retrouva toute sa vitalité qu'au début de l'été, un été qui vit une nouvelle fois le malheur s'abattre sur la famille de Jean. Marguerite avait accouché d'une fillette et perdu la précédente. Il y avait une sorte de normalité qui entourait ces épreuves, comme s'il était fatal que seulement les plus solides survivent. Vincent savait que ce n'était pas vrai, il y avait beaucoup d'insalubrité, beaucoup d'ignorance, beaucoup de négligence, et surtout trop de pauvreté pour élever correctement une grande famille. Le jeune homme avait de la peine pour son frère, qui visiblement ne se tirait pas d'affaire. La mère ne quittait plus la maison et ne parvenait plus à se rendre utile, et l'aînée, Jeanne, à onze ans, faisait tout ce qu'elle pouvait sans jamais se plaindre. Aussi voyait-elle arriver Vincent avec soulagement, elle souriait en l'accueillant : pour elle, c'était un jour de relâche.

La tension entre Marguerite et la mère n'avait cessé de monter, la vieille femme se montrait de plus en plus exigeante. Elisabeth était intervenue.

— Si tu ne peux pas faire, laisse faire les autres à leur guise.

Que sa fille la reprenne devant tout le monde l'avait vexée et avait ramené la paix durant quelques jours, le temps de ruminer un autre grief, cette fois à l'encontre de Vincent, qui ne lui avait pas encore présenté son dernier-né.

— Je mourrai avant de le voir, celui-là.

Pour Vincent, il était hors de question de traîner le bébé, même en voiture, par n'importe quel temps. Pour la plupart, les enfants étaient laissés dans leur berceau jusqu'à ce qu'ils marchent, tandis que les parents vaquaient aux travaux de la ferme.

A cause de sa grande fatigue, la vieille femme n'avait pu se rendre au baptême de son petit-fils. A soixante et un ans, brisée par le travail et les multiples maternités, elle ne considérait pas le bilan de sa vie comme très positif. Puissent ses enfants faire mieux qu'elle… C'était mal parti pour Jean. Vincent peut-être… Quant à Elisabeth…

Cet été-là, les allers et retours de Châton à Caoule ne lui permirent pas de faire beaucoup de journées. Il avait fait le choix d'aider son frère. A Châton, la ferme tournait plutôt bien, il avait d'ailleurs réussi à transformer l'intérieur en remplaçant le vieux mobilier des Barricat.

Il s'était fait donner par Antoine Magnes, en paiement de son travail, des planches larges de pin franc avec lesquelles le menuisier lui avait fabriqué une bonnetière, un lit, une commode, une table, des bancs. Il avait fait un arrangement avec cet homme pour qui il fabriquait la ferronnerie et les charnières. Ainsi, Marie avait accouché dans une chambre neuve.

Un jour de septembre, alors qu'il faisait beau et que c'était jour de foire à Saint-Julien, Vincent décida de faire plaisir à sa mère. Il attela le cheval et emmena femme et enfants à Caoule. Le jeune homme aimait bien revoir d'anciens camarades et se tenir au courant des prix pratiqués et des nouveautés. Sûr, il aurait aimé déambuler avec son épouse et ses garçons pour susciter des jalousies. Marie était restée auprès de la mère avec les enfants, la vieille femme n'avait pas spécialement extériorisé sa joie à la vue des petits, mais c'était dans sa nature.

Parfois, la foire de Saint-Julien prenait des proportions considérables, on y venait de très loin négocier le bois et les produits de la résine, essence de térébenthine et brai. Vincent s'attarda du côté des animaux, bavarda avec quelques camarades, rencontra Antoine Magnes, occupé à marchander ses produits, puis il rendit visite à sa sœur.

— Et qu'est-ce que tu fais tout endimanché ?

— J'ai amené Marie et les petits à la mère, depuis le temps qu'elle les réclamait. J'en ai profité pour faire un tour à la foire.

— Tu as vu Antoine ?

— Oui, il discutait avec des marchands.

— Oui, son atelier de résine marche très bien. Et toi, quand vas-tu te décider à gemmer ?

— Peut-être l'année prochaine, il y a quelques pins pas loin de la maison. Je n'ai pas trouvé la mère en forme, il y a longtemps que tu l'as vue ?

— Oui, ça fait quelques jours, on a beaucoup de travail…

Le on ne surprit pas Vincent outre mesure, il était de notoriété publique qu'Elisabeth Darnère et Antoine Magnes vivaient en couple. Dans le péché, maugréait le curé du village lorsque l'industriel omettait de lui apporter ses deniers.

— Je vais aller la voir dimanche, c'est promis. Tu aurais dû m'amener les petits, j'aurais été contente de les voir… Et Marie, toujours aussi jolie ?

Elisabeth le taquinait souvent. Marie s'était épanouie au point d'être aussi belle que sa belle-sœur, aux yeux de Vincent du moins.

— Moque-toi, lui dit-il.

— N'empêche que tu as une bien ravissante épouse, insista-t-elle.

— Pour les petits, tu viens les voir à la maison quand tu veux.

— Je sais bien, mais Antoine est toujours par monts et par vaux, et il faut bien que quelqu'un garde la maison.

— Tu penses à aller voir la mère quand même. Allez, je vais rentrer.

Lorsqu'il arriva à Caoule, la mère n'avait toujours pas retrouvé le sourire, il questionna son épouse.

— Vous vous êtes disputées ?

— Non, pas du tout, elle m'a raconté sa vie, ton père, ton grand-père. Elle se fait beaucoup de souci pour ton frère, tu connais son refrain… Marguerite, Elisabeth, il n'y a que toi qui trouve grâce à ses yeux.

— Et toi aussi.

— Je crois qu'elle m'aime bien.

— Elle me fait peur, on dirait qu'elle n'a plus d'énergie, j'ai demandé à Elisabeth de passer la voir.

L'automne vint et le surcroît de travail qu'engendraient les récoltes fit oublier momentanément les inquiétudes. Vincent passa l'hiver à sélectionner son troupeau. Il avait calculé que celui-ci devait se trouver renouvelé tous les sept ou huit ans. Il avait maintenant de belles bêtes grâce au croisement avec des béliers de race mérinos qui donnaient plus de laine que les moutons du pays, et la laine était d'un bon rapport.

Le petit Jean Saturnin tentait maladroitement de faire ses premiers pas sous le regard désolé de son frère, qui attendait impatiemment d'avoir un compagnon de jeu pour courir à travers bois.

Malgré les longues journées que Vincent passait au-dehors, Marie s'arrangeait toujours pour que ses garçons passent un moment avec lui.

Le matin du 28 avril 1845, alors que le jeune homme venait de faire moudre du maïs et du seigle au moulin de Pêtre, la petite Jeanne arriva tout essoufflée par sa longue course. Vincente Darnère s'était éteinte à l'âge de soixante-deux ans.

Il y eut beaucoup de monde aux obsèques, elle avait marqué son passage par un caractère bien trempé qui avait su gagner le respect pour le nom qu'elle avait fait sien le 12 brumaire de l'an XI.

Elisabeth et Marie eurent beaucoup de travail : il avait fallu habiller et chausser les enfants, Jeanne, Catherine et Jean, en un rien de temps pour qu'ils soient convenables. Marguerite, leur mère, se désintéressant complètement de la question. Pour Jeanne, on avait simplement raccourci une robe d'Elisabeth qui restait malgré tout bien trop ample pour des épaules aussi frêles. Pour les deux autres, les jeunes femmes n'avaient pas compté leur peine. Vincent avait acheté des sabots en allant s'occuper des formalités. Il se promit de se préoccuper davantage du sort de ses neveux et nièces. Il n'était pas possible qu'ils fussent démunis à ce point. Jean ne manquait pas de travail à la forge. Ses clients abusaient-ils de lui, ou bien était-il négligent. Les deux sans doute. Il lui en toucherait deux mots.

Comme la tradition l'exigeait, on prit le repas en famille. Vincent et Elisabeth auraient pu prétendre à leur part sur le bétail, ils n'en firent rien. Vincent considérait que ce que lui avait donné la mère lorsqu'il s'était marié était suffisant. Quant à sa sœur, il était évident qu'elle ne manquait de rien, tout comme il était évident qu'elle était enceinte malgré ses efforts pour le cacher.

Antoine Magnes avait assisté aux obsèques et paru soucieux, il avait pris Vincent à part :

— Dis-moi, Darnère, bien que ça ne soit pas le jour d'en parler, il se peut que j'aie de plus en plus besoin de toi, j'espère que tu pourras te libérer.

— C'est qu'en supplément de mon travail, l'été dernier, je suis venu fréquemment donner un coup de main à Jean. Sans doute aura-t-il encore besoin de moi.

— Oublie un peu ton frère et pense à toi ; plus tu l'aideras, plus il se reposera sur toi. Déjà, il devrait placer Jeanne…

Vincent ne disait rien, il faisait confiance au jugement de Magnes, qui changea de sujet :

— Je ne sais pas si tu en as entendu parler, ils vont entreprendre de redresser le courant de Contis. C'est l'ingénieur Croutzet qui va diriger les travaux. Ce n'est pas un plaisantin, il y mettra le prix, mais il le fera.

L'industriel assurait également la fonction de premier adjoint de la commune, ce qui expliquait sa connaissance des dossiers les plus pointus.

— Tu as peur qu'il te prenne les ouvriers ?

— Pas seulement les ouvriers, tous les attelages vont être attirés par l'appât du gain. Tu te rends compte, toute cette terre à remuer…

— Eh bien, tu m'appelles quand tu veux, je m'arrangerai. La semaine prochaine je vais donner un coup de main aux charpentiers pour construire un parc.

— Merci, Darnère, je savais que je pouvais compter sur toi, tu ne le regretteras pas.

Pas un mot en revanche sur l'état d'Elisabeth, mais Vincent n'osa pas demander d'explication.

Avec les petits qui devenaient trop remuants, Marie ne pouvait plus s'occuper correctement du bétail, aussi était-ce le jeune Poursit qui menait le troupeau de moutons en compagnie du berger de Châton. Ils avaient la garde de près de trois cents têtes. Comme les bergers de la haute lande, ils étaient juchés sur des échasses ; ainsi, ils voyaient plus loin, couraient plus vite, et surtout évitaient de patauger dans les marais qui foisonnaient dans la lande, faute d'écoulements.

Leurs chiens, deux labrits aux yeux perçants, n'attendaient qu'un ordre pour aller mordre le jarret de la brebis qui ne rentrait pas dans le rang au coup de sifflet. On ne badinait plus avec les jeunes pousses de pin. Les propriétaires ou leurs commis avaient déclaré la guerre aux bergers insouciants, d'autant que les Landes étaient encore en grande partie incultes et que les pâturages, même s'ils se réduisaient, ne manquaient pas.

Vincent tenait à ce que les bêtes rentrent tous les soirs. Ainsi, elles fréquentaient un périmètre plus réduit qu'il connaissait bien en cas de litige, de perte ou de blessure.

Le fumier servait à enrichir les quatre hectares de terre sur lesquels il cultivait moitié seigle, moitié maïs. A côté de cela, il entretenait un autre carré pour les pommes de terre, les haricots et la vigne. La prairie et le jardin se trouvaient un peu plus loin au bord du ruisseau, au milieu des terres de Châton.

Trois vaches occupaient à présent l'étable située derrière la bergerie. Il aurait été difficile d'assurer à plus d'animaux une ration raisonnable de foin pour tout l'hiver. On élevait également deux porcs et quelques poules qui dormaient dans un poulailler accroché entre les branches d'un chêne à quelques mètres de hauteur, histoire de décourager les prédateurs. Un peu à l'écart, Vincent avait installé deux bournacs de mouches à miel que Châton lui avait donnés en paiement de travaux de forge.

Depuis quatre ans qu'il était là, une seule année avait été mauvaise pour le seigle. Heureusement, les pommes de terre, les haricots et les choux n'avaient pas fait défaut. Chaque famille se débrouillait, en fait, pour vivre sans rien acheter pour se nourrir. Sans être avare, chacun gardait jalousement le peu d'argent gagné en prévision des mauvais jours.

Seuls quelques-uns, comme Antoine Magnes, se risquaient à faire du commerce.

Deux années de suite, les pommes de terre, atteintes par une grave maladie, firent défaut. Les grandes villes furent durement touchées, et, quand le peuple a faim, il se révolte. En février 1848, ce fut la révolution à Paris. Dans la lande et chez les Darnère, la préoccupation était tout autre. Le malheur continuait à rôder chez Jean Darnère : les deux petites dernières étaient décédées, l'une à trois ans, l'autre à un an. On avait suivi les conseils de Magnes : Jeanne, qui avait quinze ans, était placée. Quant à Elisabeth, elle avait accouché d'un garçon quelques mois après le décès de la mère. Il s'appelait Jean et Antoine Magnes l'avait reconnu. Celui-ci avait eu raison de s'inquiéter : durant trois étés, le redressement du courant de Contis avait drainé une main-d'œuvre considérable, ne lui laissant que quelques fidèles.

Six kilomètres d'une large tranchée avaient permis d'assécher près de quatre cents hectares, pour la plupart au profit du marquis de Lur-Saluce d'Uza.

Vincent avait tenu parole : en dehors des gros travaux de la ferme, il était souvent venu à la scierie ou à la distillerie de Magnes et en avait tiré grand profit.

— Avec ce que tu as gagné, tu devrais acheter de la lande et semer des pins, Darnère.

— J'ai bien trop à faire avant, il faudrait que je refasse le parc pour les bêtes et la maison aussi.

— Tout ça peut attendre ; pour la terre, c'est le moment.

Têtu à ses heures, Vincent ne l'écouta point et continua d'amasser sou après sou.

En même temps que les marais de Contis, Croutzet avait drainé les voix des grands électeurs vers sa belle-famille. Son beau-père, Numa Turpin, fut élu à l'assemblée législative, propulsant ainsi Antoine Magnes à la tête de la commune de Saint-Julien, dont il devint le maire le 14 septembre 1848.

Ni la révolution de février d'abord, ni celle de juin ensuite, n'entraînèrent de perturbations dans ce pays où l'on commençait à ressentir les bienfaits de l'industrialisation.

Une fois encore, Antoine Magnes parut soucieux. Avait-il peur pour ses affaires ? Avait-il connaissance d'informations inquiétantes ou craignait-il simplement le poids de sa nouvelle charge ?

Ici, le principal souci était simplement la survie ; quels que soient les régimes, république, empire ou monarchie, ils semblaient peser moins que les éléments naturels.

Vincent aimait à se rendre de temps à autre aux foires les plus importantes. Ce jour-là, il avait emmené Marie et les petits, Antoine et Jean Saturnin qui, du haut de ses quatre ans, découvrait le monde avec émerveillement. Antoine, lui, avait découvert l'école un an plus tôt. Vincent tenait à ce que ses enfants s'instruisent. Antoine était comme tous les gamins de son âge. Plus prompt à courir dans les bois qu'à rester assis sur un banc, il n'était pas très assidu, mais son père exigeait qu'il sache lire et écrire.

Comme à son habitude, il passa voir sa sœur qu'il trouva radieuse.

Longtemps, Elisabeth tourna autour du pot pour finalement avouer :

— J'ai une grande nouvelle à vous annoncer : Antoine et moi allons nous marier. Seulement, on fera ça dans l'intimité, on n'invitera personne.

La jeune femme était-elle parvenue à ses fins, ou bien la toute jeune et déjà brinquebalante démocratie avait-elle su inspirer plus de sagesse ou plus de crainte à l'industriel…

Toujours est-il qu'Antoine Magnes, âgé de quarante et un ans, épousa Elisabeth Darnère, trente-neuf ans, le 9 novembre 1848, deux mois après son élection, comme s'il avait voulu régulariser une situation qui aurait pu donner matière à contester sa nouvelle charge. Pendant de longues années, la jeune femme avait élevé les enfants d'Antoine, nés d'un premier mariage avec Anne Bauré et dont l'aîné avait maintenant dix-huit ans.

Vincent n'aurait pas pensé que sa réussite fît à ce point ombrage à ses voisins. Bidaou venait de changer les bœufs de sa propre initiative, alors que Châton lui avait recommandé de voir cela avec Darnère en qui il avait toute confiance. Poursit dut le menacer de ne plus l'aider s'il n'allait pas en référer immédiatement à Darnère. Poursit craignait en fait pour son statut privilégié qui lui permettait d'utiliser l'attelage sans rien débourser et que Bidaou lui demande une participation pour évincer Darnère.

Contraint et forcé, l'homme vint s'adresser à Jeanne Barricat, prétextant que c'était elle la patronne.

— Tu aurais pu en faire part à Vincent…

— Oh, il est toujours occupé.

— Comment ça ? Est-ce qu'il a fait défaut une seule fois pour les travaux en commun ? Ecoute, je vais lui en parler, tu t'arrangeras avec lui.

Vincent avait accusé le coup, d'autant qu'il avait envisagé une autre forme d'attelage avec Antoine Mesplède. Dans un but d'apaisement, il préféra envoyer Marie à Bidaou en lui recommandant de ne point faire de vagues.

A la réflexion, le jeune homme aurait dû se douter de l'état d'esprit de son voisin. Lors de la dernière moisson, Bidaou s'en était pris au petit cheval sous prétexte qu'il peinait sous la lourde charge qu'il lui avait imposée. Le cheval avait maintenant une bonne dizaine d'années et Vincent envisageait de s'en séparer avec une grande appréhension.

Depuis quelque temps, il traînait un peu plus du côté des chevaux dans les foires, mais aucune bête ne trouvait grâce à ses yeux.

Un jour d'avril, alors que le printemps tentait de s'installer, il fut accosté par un maquignon sur la foire de Saint-Julien. Les deux hommes se connaissaient depuis longtemps.

— Viens voir un peu par ici, Darnère, j'ai quelque chose de magnifique pour toi qui fais toujours le difficile.

La jument était superbe, solide, une véritable bête de trait. Vincent tourna autour pendant près de deux heures, faisant trotter l'animal, négociant le prix, la somme à remettre en plus de son cheval... Le maquignon se méfiait. Plusieurs fois, Vincent avait fait le même manège pour finalement renoncer. Aussi avait-il annoncé un prix raisonnable sur lequel il ne reviendrait pas.

Vincent était conscient de l'honnêteté de la transaction. Marie ne l'avait pas accompagné ce jour-là. Comment prendrait-elle la chose ? Bien sûr, ils en avaient parlé entre eux, se persuadant que c'était devenu une nécessité. Ce petit cheval représentait une partie de leur vie, difficile de s'en séparer.

— Tu sais, Darnère, c'est vraiment une opportunité, cette jument, pour toi.

— Je m'en rends bien compte, mais que vas-tu faire du mien ?

Le maquignon avait gardé le meilleur argument en réserve.

— Si cela peut te rassurer, j'ai une vieille fille qui cherche une bête de ce genre pour aller à la messe le dimanche. Pour cet usage, il fera bien encore quelques années.

Tranquillisé par ces paroles, Vincent se décida.

— Alors c'est d'accord.

Le plus dur restait à faire, dételer son cheval et se séparer de lui. Heureusement, quelques détails lui évitèrent de trop penser. Il était hors de question de passer les harnais à la jument, elle était bien trop forte. Le maquignon avait tout prévu : moyennant un petit supplément, il échangea aussi le harnachement.

Vincent quitta la place immédiatement, il n'aurait pas supporté de discuter avec des camarades.

Le chemin du retour lui parut long. Le cœur serré, il se revoyait donner une dernière accolade à son compagnon qu'il avait l'impression d'abandonner lâchement.

Marie fut surprise de le voir arriver si tôt et sentit à son regard qu'il se passait quelque chose. Il l'embrassa, la prit par la taille en lui disant :

— Viens voir…

Lorsqu'il l'entraîna vers l'écurie, Marie comprit tout de suite, c'est à peine si elle vit l'animal pourtant imposant, ses yeux s'embuèrent et elle se retourna pour cacher quelques larmes.

— Ne t'en fais pas, c'est une vieille fille qui va le prendre pour aller à la messe, il ne sera pas trop malheureux, ici ça devenait impossible pour lui.

Bidaou perçut l'échange du cheval comme une nouvelle provocation, et, chaque fois qu'il venait à Châton, il se montrait nerveux. Vincent, qui en avait un peu assez de ses piques, le remit à sa place le jour de la tonte des moutons.

— Tu n'es qu'un imbécile, Bidaou. Si tu avais été un peu malin, au lieu de reprendre des bœufs, tu aurais été mieux inspiré en achetant des mules, une chez toi, une ici à Châton, on ne les aurait attelées ensemble que pour les gros travaux…

Poursit, enhardi par le sourire goguenard du vieux Mesplède, renchérit :

— Ça, c'était une bonne idée…

— C'est toi qui aurais payé la différence ? Tu sais combien ça vaut, une paire de mules ?

— Oui, répondit Vincent, les bœufs plus la jument que je n'aurais pas achetée, on n'est pas très loin du compte.

— Oh, toi, tu as toujours raison.

Vincent préféra geler la discussion, sachant combien il était difficile de faire évoluer les mentalités. Il était vrai cependant qu'on utilisait de plus en plus de mules pour le débardage des bois, la construction des routes, le labourage. Antoine Magnes, entre autres, approvisionnait sa scierie et ses ateliers uniquement avec ces bêtes, plus robustes et plus rapides.

Les relations avaient beaucoup changé avec Châton et son gendre, les deux familles se côtoyaient et se rendaient quelques services sans toutefois trop d'empressement.

Lors des gros travaux, Antoine Mesplède était toujours appuyé sur son bâton, son âge et son statut de patriarche lui interdisant tout effort. Il observait et donnait des directives aux employés que son gendre engageait le temps nécessaire aux labours, aux semis, à la récolte. C'est avec Jean Soulan que Vincent était allé chercher des béliers mérinos à Saint-Paul-les-Dax, seul élevage de cette race dans la région. Ils avaient acheté une douzaine d'agneaux mâles, quatre pour Vincent, huit pour Soulan, dont le troupeau était plus important.

Au début, tout comme Bidaou, Soulan avait pris quelque peu ombrage de la réussite de Darnère. Mais il avait bien vite réalisé que cet homme était de bon conseil et que cela pouvait lui profiter. Rapidement, on s'arracha les agneaux de Châton, tant pour la boucherie que pour la reproduction.

C'était lors de ce long voyage que Jean Soulan avait pris quelques décisions qui devaient amener Châton à devenir un domaine des plus florissants.

— Et pourquoi veux-tu ensemencer la lande de Nicq ? demanda-t-il à Vincent.

— C'est Antoine Magnes qui me l'a conseillé ; il sème toutes ses landes, gemme tous ses pins avant de les abattre pour les débiter en planches et en madriers.

— Et tu crois que ça rapporte, la gemme ?

— Pourquoi tu n'essayes pas avec tous les pins que tu as ?

Jean Soulan avait essayé, modestement d'abord, puis de deux parcelles il était passé à six sur les huit que possédait Châton, et l'argent de la gemme se mit à couler allégrement dans les poches de Soulan, au grand dam de son beau-père qui clamait partout :

— Il va me faire crever tous les pins !

Personne n'avait encore pris conscience de l'impact économique que représentait la forêt, et son exploitation se faisait à petits pas en dépit des exhortations.

Malgré quelques craintes pour ses pins, Antoine Mesplède voyait l'avenir en rose pour son petit-fils.

La ferme s'était métamorphosée grâce à ou à cause de Vincent Darnère, avec lequel on ne voulait pas être en reste. Châton dépêchait toujours un domestique lorsque le jeune homme s'attaquait à une tâche concernant le domaine, comme le nettoyage du ruisseau, le curage des fossés, conditions obligatoires pour le bon écoulement des eaux dans un endroit où les sources abondaient.

L'automne aussi donnait l'occasion de travailler en groupe. Tout le quartier se retrouvait le soir à la veillée pour dépouiller le maïs fraîchement ramassé. C'était une occasion pour s'amuser un peu. On y goûtait le vin nouveau, pas de quoi se saouler, le maître des lieux y veillait, et puis pas question de ponctionner exagérément la récolte.

Les enfants tentaient d'aider les adultes. Si Antoine y parvenait à peu près, Jean Saturnin jouait plutôt avec les épis avant de s'endormir dans les dépouilles. Aussitôt, Marie étendait une peau de mouton sur le petit corps recroquevillé et à demi enfoui sous un doux matelas d'enveloppes.

On plaisantait, oui, mais c'était le nombre de corbeilles d'épis qui chaque soir sonnait la fin de la veillée. On se retrouvait à la lueur de la cheminée à boire chaud et à éplucher quelques châtaignes encore bouillantes.

Un soir, à la mi-novembre, Marguerite Mesplède semblait absente, ses mains sans force effleuraient avec peine les feuilles qui crissaient sur les grains jaunes et gonflés.

Alerté par les épis mal dépouillés qui s'accumulaient dans le panier, Vincent posa ses yeux sur la silhouette désarticulée et demanda :

— Vous n'allez pas bien, tante ?

Pour toute réponse, le corps de la vieille femme se tassa un peu plus dans son coin. Vincent et Soulan la transportèrent sur le lit qu'elle ne devait plus quitter. Une sorte de torpeur envahit progressivement la petite forme inerte qui résista jusqu'à la mi-décembre. Seule Simone fut quelque peu touchée par le décès de sa mère ; son père, son mari et son fils, tournèrent vite la page.

Il était question de trouver une épouse au jeune Antoine. Bien entendu, la jeune fille devrait apporter une dot substantielle. Le garçon faisait de la résistance, il en venait même à regretter le tirage au sort qui l'avait exempté du service militaire, encore que son père aurait été capable de payer quelqu'un pour partir à sa place.

Le jeune homme s'ouvrit de ses tracas à Marie, son ancienne compagne de jeu et quelque part son premier amour d'adolescent. Ah, Marie, pourquoi ne lui avait-on pas permis de l'attendre ? Ils avaient très peu de différence d'âge, et dans les grandes familles on n'hésitait pas à marier les cousins et les cousines entre eux pour préserver ou reconstituer le patrimoine.

La jeune femme le réconforta de son mieux, l'engagea à bien réfléchir et à faire un choix par lui-même.

Antoine refusa toutes les propositions et se réfugia dans un travail acharné.

Un des arguments employés par son fils, davantage pour se soustraire à sa volonté que par conviction, faisait son chemin dans la tête de Jean Soulan : « Je ne veux pas emmener une femme dans ce taudis. »

Qu'à cela ne tienne, il allait concrétiser la prospérité et la richesse de Châton par une grande réalisation : la construction d'une maison à la dimension de ses prétentions.

Il fallait maintenant convaincre le vieux Châton de vendre des pins. L'argent que possédait Soulan aurait suffi pour construire une maison bourgeoise modeste, mais il voulait une véritable maison de maître avec plusieurs chambres et un étage.

— Maintenant, il veut me faire vendre les pins, s'était plaint le maître des lieux à son neveu.

— Il faut attendre, avait répondu Vincent. Le bois va augmenter, ils en ont besoin pour construire le chemin de fer et ils arrivent bientôt dans la région.

L'ardeur de Soulan fut quelque peu calmée, d'abord par la révolution et ses incertitudes, puis par la naissance d'un second fils, Pierre, qui vint semer le trouble dans la famille. Antoine ne serait plus le seul héritier, ce qui contraria beaucoup son grand-père qui devint méconnaissable.

Le petit Jean Saturnin avait maintenant un peu plus de six ans. Il accompagnait souvent son père et s'essayait à l'imiter avec une certaine adresse, qui émerveillait ses parents. On ne pouvait pas dire que les garçons travaillaient, comme cela arrivait à beaucoup d'enfants de leur âge, mais ils rendaient bien des services. Une loi était même entrée en vigueur, interdisant le travail aux enfants de moins de huit ans. L'industrie naissante avait abusé de cette main-d'œuvre peu coûteuse. Cela avait entraîné pas mal d'accidents et beaucoup de tapage de la part de quelques écrivains et journalistes qui tentaient de secouer le pouvoir.

On était bien ignorant de tout cela à la campagne, et, justement en ce mois d'août 1850, la préoccupation de Vincent était celle-là, que ses enfants soient moins ignorants que lui. Il inscrivit Jean Saturnin à la seule école du village dirigée par le curé. Celui-ci imposa l'achat de livres, pour la plupart religieux, dont Vincent ne voyait pas du tout l'utilité, d'autant que pour Antoine rien n'avait été exigé. Le désir de voir ses enfants s'instruire fut le plus fort et Vincent se laissa convaincre.

L'enfant s'appliquait, mais il était tout aussi malheureux que son aîné. Tout était nouveau pour lui, l'écriture comme le langage, et il lui était difficile de rester assis sur un banc des heures durant.

A Châton, dans le village et dans tout le pays, on parlait patois. Vincent lui-même ne connaissait que quelques mots de français. Il n'avait pas fait son service militaire et la langue nationale ne lui avait jamais été utile ni nécessaire.

Fier de son nouveau savoir, l'enfant s'exerçait à écrire son nom sur les livres d'école. Bien entendu, il n'allait pas en classe tous les jours. Le reste du temps, il gardait les vaches et la jument, que l'on n'envoyait jamais avec le troupeau de moutons.

Depuis deux ou trois ans, Vincent agrandissait peu à peu la prairie de manière à avoir une bonne réserve de fourrage pour l'hiver. Il faisait deux coupes, l'une en juin, l'autre en juillet, en fonction de la hauteur et de la maturité de l'herbe. Ensuite, il abandonnait la prairie aux vaches et à la jument et, quelques rares fois à la fin de l'hiver, aux moutons, assurant ainsi une fumure naturelle. La jument, sans faire oublier le petit cheval, le remplaçait avantageusement. Vincent trouvait son comportement tout de même bizarre. Il s'inquiéta. S'était-il fourvoyé ? Le maquignon l'avait-il trompé ? Ce fut Jeanne Barricat qui lui fit entrevoir l'issue à son tourment.

— Elle est peut-être pleine...

Effectivement, en l'examinant d'un peu plus près, Vincent se rendit à l'évidence. La jument allait avoir un petit.

— Ta mère a raison, s'empressa-t-il de révéler à Marie, on va avoir un poulain.

— Ah bon, le maquignon ne t'avait rien dit ?

— Penses-tu, il ne le savait pas, sinon il l'aurait gardée quelque temps, ou bien il me l'aurait vendue plus cher. Surtout, il faut empêcher les chiens de courir après.

En principe, ça ne devrait pas nous causer trop de gêne, et s'il le faut j'irai chercher les bœufs à Bidaou.

Ce dernier devait mettre un frein à ses récriminations pour un bon bout de temps, il s'était blessé à une jambe avec une hache en fendant du bois et resta immobilisé pendant plusieurs semaines. Tout naturellement, Vincent se chargea des gros travaux avec l'aide épisodique de Poursit.

La journée avait paru longue à Vincent, inquiété par le comportement de la jument. Puis, toute la nuit, il fit la navette entre l'écurie et la chambre, répondant invariablement à Marie qui le questionnait :

— Non, toujours rien.

Vers 5 heures, la jeune femme, trouvant l'absence de son époux un peu longue, s'habilla et le rejoignit à l'écurie.

— Alors ?

— J'allais t'appeler, il faut l'aider, donne-lui un peu de grain et rassure-la. Je vais essayer tout seul, sinon il faudra aller chercher quelqu'un.

Vincent attendit patiemment le moment opportun, et, lorsque la tête du poulain se présenta entre les deux pattes de devant, il tira de toutes ses forces pour aider la jument à se délivrer.

Avec un bouchon de paille, il frictionna énergiquement le petit animal, négligeant la tête que la mère vint lécher.

Vincent attendit que le poulain se dresse sur ses pattes, un peu en accent circonflexe, dans un équilibre précaire, cherchant les mamelles qu'après de multiples échecs il découvrit enfin. Sauf complications, c'était gagné. Le jeune homme était content.

Marie s'était avancée et lui avait préparé un tourin auquel il fit honneur, tandis que Jeanne Barricat écoutait avec attention le récit de leur nuit.

La journée fut radieuse pour tout le monde. Le petit Jean Saturnin raconta à l'école qu'il avait un cheval pour jouer, un vrai, et pour lui tout seul.

Bidaou, qui avait eu connaissance de l'événement, était venu se rendre compte. Il avait abandonné toute agressivité vis-à-vis de Vincent, et même versé une larme lors de la dernière tue de cochon, après quelques verres de vin.

— Ah, Darnère, j'ai eu bien besoin de toi...

Le quartier, imitant l'exemple de Vincent, avait fait preuve d'une grande solidarité et avait assuré les récoltes de l'automne, chez Bidaou, avec un dévouement dont il n'aurait pas été capable lui-même.

Ce fut le défilé. Soulan, Poursit et même Jean Darnère vinrent voir le phénomène.

— Tu as bien de la chance, dit Jean à son frère devant l'étalage de prospérité qui se présentait à ses yeux et qu'au fond de lui il enviait un peu.

Marguerite avait eu une autre fille et attendait un nouvel enfant pour la fin de l'année, cela ferait le onzième. Autant dire que Jean ne pouvait pas compter sur son épouse, encore que Catherine et Jean, âgés de treize et douze ans, ne rechignaient pas à la tâche.

Vincent avait justement besoin d'un nouveau berger. Poursit, malchanceux au tirage au sort, devait accomplir son service militaire, et il ne jugeait pas son fils Antoine assez grand pour mener seul un troupeau aussi important.

— Si tu veux, je peux employer Jean, j'ai besoin de quelqu'un pour garder les moutons et ça te fera une bouche de moins à nourrir.

— Il faut que je demande à Marguerite, je sais qu'elle ne veut pas se séparer de Catherine.

— C'est vous qui décidez, Poursit s'en va au mois de juin.

Marguerite donna son accord et Jean vint travailler chez son oncle, qui lui apprit le métier avec beaucoup de patience. Le garçon était un peu frustre, si bien qu'il refusa de coucher dans la maison. Il était berger, il vivrait comme un berger, auprès de ses bêtes dans le foin.

Là, Vincent se fâcha et lui aménagea une pièce confortable dans la grange. Il avait tenu à prendre son neveu pour le former et le sortir de la misère, et voilà que celui-ci se cabrait. Il y avait de quoi être déçu.

Antoine Soulan avait enfin accepté d'épouser Marguerite Sanguina, une jeune fille de bonne famille âgée de dix-huit ans. Tout le monde était satisfait, hormis le grand-père, Antoine Mesplède, qui depuis quelque temps errait dans la campagne et semblait étranger à tout ce qui se passait autour de lui. Un matin d'hiver, on le retrouva sans vie au pied de son observatoire, le vieux châtaignier. Il laissait à sa famille une des propriétés les plus importantes du village.

Le domaine de Châton occupait une vaste étendue. Il se composait de trois maisons avec chacune un airial. Il y avait ensuite des prairies, des jardins, du marais, de la terre labourable, des dépendances et des parcs pour les moutons. Il commençait tout le long du ruisseau qui constituait une borne naturelle avec le Guetch et se prolongeait loin vers le sud, presque jusqu'à Uza. Huit parcelles de pins venaient compléter l'inventaire. De ce gros quartier, Vincent Darnère possédait la part de sa belle-mère, la lande de Nicq, de la terre labourable, deux jardins, une prairie, un peu de marais, une parcelle de pins, et bien sûr la maison avec son airial et ses dépendances. Tout le reste tomba entre les mains de Jean Soulan, qui n'eut aucun scrupule lors de l'héritage à revendiquer la totalité du domaine. Il eut à faire à sa tante, Jeanne Barricat, qui pour la circonstance retrouva toute la hargne qui l'avait animée pendant de nombreuses années à l'encontre de son frère. L'homme dut adopter un profil bas et il se consacra dès lors à la construction de son château, preuve de sa puissance et de sa richesse. Il fit abattre pour cela deux parcelles de pins, puis une troisième. Sous son commandement, le chantier avançait à vive allure, il voulait que son petit-fils naisse dans la nouvelle demeure.

C'était compter sans les impondérables de la vie. Marguerite accoucha prématurément d'un enfant mort-né et laissa elle-même la vie dans cette terrible épreuve. La jeune femme avait à peine vingt ans. Antoine Soulan se retrouva à vingt-six ans veuf et inconsolable.

La maison neuve fut habitée dans cette même année 1851. Jean Soulan fit raser la vieille bâtisse et construire des dépendances destinées à loger les domestiques.

Malgré les tiraillements, on continua à travailler en commun, il était difficile de faire autrement, la terre exigeait toujours autant de bras.

Jean Soulan devint un tyran, et pas seulement pour ses employés. Pendant longtemps, il avait rongé son frein avec son beau-père, mais maintenant il avait bien l'intention de montrer que c'était bien lui le maître. Lors d'un labour, il s'en prit à Vincent qui tenait la charrue.

— Mais comment tu me fais ça, tu vois bien que ça ne va pas !

Vincent, qui s'appliquait tout autant chez les autres que chez lui, ne l'entendit pas ainsi.

— Eh bien, montre-moi comment il faut faire.

Jean Soulan, qui n'avait jamais tenu une charrue de sa vie, chercha le salut dans la fuite. Il ne pardonna jamais à son cousin les ricanements que sa réflexion avait déclenchés chez ses employés.

— Regarde-moi, Vincent, tu ne trouves rien de changé ?

— Pourquoi, je devrais ?

— J'en ai peur, je crois que les garçons vont avoir une petite sœur.

— Ah bon, tu es sûre ?

Vincent était surpris. Ses garçons avait dix et sept ans, il s'était fait à l'idée de ne plus avoir d'enfant, mais une fille, il ne disait pas non, surtout que la ferme était devenue rentable.

— Si c'est une fille, on l'appellera Marie. Et c'est pour quand tout ça ?

— Mais dis donc, tu as la mémoire courte ! Pour cette année, ce sera difficile, mais pour le début de l'année prochaine, ça peut se faire.

A nouveau, Vincent s'ingénia à ménager son épouse, et ce ne fut pas facile, la méconnaissance de son neveu lui donna un surcroît de travail. Son fils Antoine se débrouillait beaucoup mieux, mais il tenait par-dessus tout à faire de son neveu un homme.

Le temps passa si rapidement que lorsque l'on commença à dépouiller le maïs, le soir à la veillée, il se rendit compte que Marie était déjà bien ronde. Il était moins inquiet que pour les fois précédentes, il se disait que ça n'était pas la fatalité de perdre des enfants en bas âge ; la misère, l'ignorance et l'insalubrité suffisaient à les emporter.

Des bruits inquiétants parvenaient dans les chaumières. Louis Napoléon Bonaparte, président de la République, se proclama empereur et se fit appeler

Napoléon III. La question qui se posait le plus souvent était de savoir si le nouveau monarque aurait l'esprit aussi guerrier que son oncle. On craignait beaucoup pour ses enfants, Vincent comme les autres, qui se mit à espérer encore plus fort la naissance d'une fille.

Ce fut un garçon qui naquit le 20 janvier 1852. Sur les registres, on écrivit Antoine, son parrain était Antoine Magnes, mais c'était déjà le prénom de son frère aîné, et pour tout le monde ce fut Xavier.

Marie se remit bien plus vite que pour la naissance de Jean Saturnin. La déception de ne pas avoir de fille s'estompa bien vite devant la perspective de voir un jour ses trois garçons seconder son époux.

A la naissance de son frère, Jean Saturnin cessa de rôder dans les jupes des femmes pour vivre davantage au-dehors. Il demanda à son père de lui fabriquer des échasses comme celles de son frère pour courir la lande. Il jouait avec le poulain en gardant les vaches, c'était des courses interminables avec Ponpon et Paqui, le jeune labrit qui avait remplacé celui qui avait accueilli Vincent lors de sa première visite à Châton.

— Tu vas effrayer les vaches, clamait Vincent.

Celles-ci, habituées, continuaient à paître paisiblement. Jean Saturnin aurait bien abandonné l'école si son père l'avait permis. La ferme, et la forge surtout, l'intéressaient beaucoup plus que les livres de classe. Vincent avait tenu bon :

— Tu iras à l'école jusqu'à dix ans, comme ton frère. Après, on verra.

Le garçon prenait son mal en patience, conscient que les enseignements du curé n'avaient rien à voir avec les choses de la vie, rejoignant en cela les convictions de son père qui essayait tant bien que mal de rétablir l'équilibre.

Le seul réconfort de Vincent était que son fils parlait et écrivait le français, cela lui paraissait plus important que tout. Il sentait l'enfant épris de liberté et, contrairement à Marie, il savait que la ferme semblerait trop étroite un jour au garçon.

En attendant, Jean Saturnin assurait diverses tâches qui soulageaient sa mère. Il s'occupait des poules, découvrait leurs nids camouflés dans les broussailles, donnait des œufs à couver au printemps à ses poules préférées, surveillait la naissance des poussins et exposait triomphalement aux yeux de sa mère les petites boules jaunes qui piaillaient dans un récipient de paille.

Vincent avait construit un foyer à l'extérieur, proche du four à pain et de la forge où il entretenait le feu qui cuisait la pâtée des cochons, la cheminée restant consacrée à la cuisson des repas.

De temps à autre, le petit bonhomme était autorisé à battre le fer rouge sur l'enclume ; son père glissait alors une épaisse cale de bois sous ses pieds afin qu'il puisse manier le marteau à bonne hauteur avec le maximum d'efficacité. Un marteau bien plus léger que celui de son père qu'il parvenait à peine à soulever.

C'est à la forge, sous le regard de ses fils, que Vincent avait fabriqué des gourmes que les garçons disposaient en différents points du ruisseau lorsque l'eau montait en hiver. De temps à autre, Antoine et Jean Saturnin allaient les relever – chacun les siennes – et en retirer les anguilles prisonnières.

Vincent connut à nouveau quelques problèmes avec son neveu : une brebis égarée, une autre qui avait passé la nuit dans la lande avec le petit auquel elle venait de donner la vie. Non seulement Jean ne savait pas compter, mais il n'avait pas non plus ce sens de l'observation qui fait qu'un berger reconnaît chacune de ses bêtes et a vite fait de repérer celle qui manque. Vincent lui avait adjoint Antoine qui, habitué à suivre Poursit, se débrouillait beaucoup mieux. Il tenait cependant à ce que son neveu réussisse.

— Ne crains rien, lui disait Marie, il va s'adapter, il a encore besoin d'apprendre.

L'été vint, et avec lui un grand débat : l'assemblée départementale ne parvenait pas à s'accorder sur le tracé de la voie ferrée qui devait relier Bordeaux à Bayonne. Certains, comme Antoine Magnes, y voyaient une source de profits ; d'autres prétendaient que le monstre mettrait le feu à la lande ou à la forêt naissante, ou bien encore ferait avorter les brebis. Napoléon III trancha par le décret du 24 août 1852. Le tracé serait direct, de Lamothe à Bayonne.

Brusquement, l'industrie du bois se mit à tourner à plein régime. Antoine Magnes fit de nouveau appel à son beau-frère, on scia sans relâche des traverses de chemin de fer, au point de craindre la pénurie de bois.

Il fut demandé à l'ingénieur Croutzet de faire l'inventaire des disponibilités, ce dont il s'acquitta volontiers, se gardant bien, en bon Landais qu'il était devenu par son mariage avec Elisa Turpin, d'en fixer le prix. De six francs, le pin passa très vite à quinze francs, et ce n'était pas terminé. Le progrès industriel venait de frapper le pays de plein fouet.

Durant deux ans, Vincent ne compta pas le temps qu'il passa à la scierie de son beau-frère, laissant à Marie la responsabilité de la ferme. Vincent servait de second à Magnes et ses horaires étaient devenus fantaisistes.

Parfois, il rentrait juste pour se coucher, avalant rapidement une assiette de soupe, Marie, en face de lui, racontant sa journée de travail. Elle se débrouillait fort bien, sa mère s'occupait de la maison et du petit Xavier, tandis que Jean Saturnin et Antoine, lorsqu'il avait ramené le troupeau, la secondaient efficacement. Même Jean, qu'elle avait fini par amadouer à force de gentillesse et grâce à quelques gâteries glissées dans son sac de berger, y allait de son coup de main, sans pour autant prendre de grandes initiatives.

Si Marie n'y prenait pas garde, Jean Saturnin se trouvait toujours une bonne raison, un travail urgent, pour ne pas aller à l'école. La routine s'installa et Vincent finit par écouter les récits de Marie d'une oreille peu attentive, pris qu'il était par ses propres préoccupations. C'est à peine s'il s'était aperçu que Xavier avait plus de deux ans et qu'il courait depuis longtemps.

Il se réveilla un soir à la fin de l'hiver, lorsque Marie, après quelques tergiversations, lui annonça :

— Vincent, je suis encore enceinte...

Ce fut le mot encore qui fit penser à Vincent que son épouse avait soit quelque rancœur, soit quelque crainte. Fidèle à lui-même, Vincent ne répondit pas tout de suite, puis, veillant à ne pas la froisser, il lui prit les mains et lui dit :

— Que veux-tu qu'on y fasse maintenant ? On s'en accommodera.

Le lendemain, pour rassurer un peu plus son épouse, il lui rapporta ses pensées :

— Après tout, on pourra très bien faire face. Antoine pourra rester ici et Jean Saturnin conduire les bêtes avec son cousin. Et puis le contrat avec les chemins de fer touche à sa fin, il y aura beaucoup moins de travail à la scierie et je pourrai rester à la ferme, parce que toi, avec deux petits, tu auras assez de travail.

Marie fut soulagée par les propos de son époux. Elle avait craint un moment qu'il accepte difficilement la réalité. A trente-deux ans, Marie était devenue une très belle femme, il n'était pas étonnant que son mari succombe à ses charmes plus que de raison.

La scierie prit Vincent jusqu'au printemps, le chemin de fer était parvenu à Dax et d'autres marchands de bois, de Castets et de Soustons, fournissaient maintenant la plus grande partie des traverses.

On parlait de l'inauguration du tronçon de Lamothe à Dax au mois de mai. Débarrassé des semailles et des gros travaux, Vincent décida d'emmener sa petite famille voir le train en gare de Morcenx.

En ce dimanche matin, Vincent fut debout bien avant le jour. Il avait trait les vaches, donné la pâtée aux cochons, le grain à la volaille, tandis que Marie préparait dans un panier les victuailles pour la journée. Elle ajouta deux bouteilles de vin. Ce serait bien le hasard si Vincent ne trouvait pas un camarade à qui offrir un verre.

Jean Saturnin, excité par l'expédition, s'impatientait, mal à l'aise dans son habit du dimanche, les yeux endormis, les cheveux dressés.

— Tu t'es lavé, toi ? lui dit sa mère. Et coiffe-toi aussi.

Jean Saturnin s'exécuta en bougonnant. Marie prépara le petit Xavier qui ronchonnait de son côté, peu habitué à se lever si tôt.

Antoine avait attelé la jument et attendait devant le portail.

— Vous êtes prêts ? demanda Vincent.

— Presque. Quel temps fait-il ? Il fait froid ? Faut-il que j'emporte une couverture ?

— C'est préférable, le soleil se lève, mais il ne fait pas très chaud.

— Est-ce que Jean s'est décidé ?

— Non, non, tu as préparé sa musette ?

— Oui, emmène-la-lui. Porte aussi le panier à la voiture. Va avec ton père, toi, fit-elle en poussant Jean Saturnin, j'arrive avec le petit.

Jean ne voulait voir à aucun prix cet énorme engin qui faisait plus de bruit que le tonnerre et qui crachait le feu, lui avait on-dit. Vincent avait insisté, mais le garçon s'était fermé. Comme à son habitude, il ne voulait rien entendre. Quant à Jeanne Barricat, elle prétendait que les ans lui interdisaient un tel déplacement.

Le soleil commençait à peine à monter dans un ciel incroyablement bleu lorsque l'attelage s'élança, mais il faisait froid, à la limite de la gelée. Marie enveloppa ses enfants dans la couverture et ajusta un châle sur ses épaules. Xavier préféra les genoux de son père à ceux de sa mère, il se tenait bien droit, les mains sur les rênes, interpellant de sa petite voix la jument qui ne bronchait pas. Le chemin était long, il fallait louvoyer dans la forêt, traverser les gués, éviter les marais. Antoine avait pris ses échasses et il aurait bien cédé à la tentation de couper à travers bois si ses parents ne s'y étaient pas opposés. Jean Saturnin criait la faim depuis au moins une demi-heure lorsque son père arrêta l'équipage aux alentours de 8 heures, hésitant entre l'ombre et le soleil. Il donna un peu de maïs à la jument, tandis que Marie découpait le pain pour les garçons. Seul Xavier refusa le lard qui accompagnait les tartines. Les genêts étaient en fleur et, de-ci de-là, des taches jaunes s'étendaient à perte de vue. Les enfants insistèrent pour en cueillir un gros bouquet, encore lourd de rosée. Marie en fit deux petits et les fixa aux deux angles arrière de la voiture sous le regard satisfait de sa progéniture.

On ne s'attarda pas davantage, des attelages arrivaient de partout, le bouche à oreille avait bien fonctionné. On s'était donné le mot pour assister à l'événement. Certains forçaient l'allure pour être les premiers et avoir une bonne place ; d'autres, qui n'avaient pas eu l'idée de fleurir leur voiture, s'arrêtaient à leur tour pour imiter Vincent et Marie.

Effectivement, il y avait beaucoup de monde à proximité de la gare. Les marchands forains qui avaient flairé la bonne affaire avaient étalé leurs marchandises, envahissant une bonne partie de l'espace. C'était pour la plupart des marchands ambulants qui connaissaient tout le monde, soit parce qu'ils s'installaient dans les foires, soit parce qu'ils faisaient le porte-à-porte dans les fermes.

Vincent laissa son attelage un peu loin et prit la précaution d'attacher correctement la jument, qui risquait d'être effrayée par le train.

Marie, que la grossesse n'avait pas encore déformée, avait belle allure, et c'est avec une certaine fierté que Vincent lui prit le bras, tandis que Xavier, agrippé à la jupe de sa mère, trottinait de son mieux. Restez près de nous, avait recommandé Marie aux garçons.

Des bruits couraient, le train était déjà passé, Vincent s'approcha des panneaux et demanda à Jean Saturnin de lire ce qui était écrit. Le garçon déchiffra tant bien que mal les lettres d'imprimerie et lut à haute voix. Il fallait attendre encore près de deux heures. Vincent et Marie décidèrent de retourner à la voiture et de déjeuner tranquillement. Très vite, le terrain fut envahi par des familles qui, comme eux, disposèrent les victuailles sur des couvertures. On s'interpella, on échangea des impressions, le train allait changer le pays. Certains se montraient euphoriques.

— C'est une bonne chose, disait Vincent, mais il y a encore beaucoup à faire.

Il connaissait par Antoine Magnes les difficultés de transport par les chemins boueux et mal entretenus.

Marie avait confectionné des merveilles qu'elle partagea avec une famille venue d'Arengosse. Les hommes sympathisèrent, mais tout le monde repartit bien vite vers la gare qu'on avait plantée là en pleine campagne, le village de Morcenx se situant à quelques kilomètres plus à l'est. Vincent jucha Xavier sur ses épaules et se fraya un chemin parmi la foule devenue bruyante. Marie s'accrocha à son bras et lui souffla à l'oreille :

— N'approche pas trop…

Elle connaissait sa curiosité pour ces machines, aiguisée par des discussions interminables avec Antoine Magnes. Antoine, qui avait chaussé les échasses, fut un des premiers à apercevoir l'épaisse fumée noire qui s'élevait à l'horizon.

— Il arrive, dit-il.

Le chef de gare n'eut point besoin de répéter ses recommandations, la foule recula d'elle-même, pas très rassurée. Seuls restèrent en avant deux hommes en uniforme et un autre ceint d'une écharpe tricolore qui devait être le maire. Juste derrière, quelques musiciens se mirent à jouer de la flûte et de la cornemuse.

Le son des instruments fut bientôt étouffé par le rugissement de la machine à vapeur et le sifflet strident que le conducteur ne cessait d'actionner. La foule, d'un même élan, fit un pas de plus en arrière.

D'un seul coup, la musique domina à nouveau et les plus intrépides vinrent toucher ce que l'on disait être une formidable machine qui allait révolutionner le monde.

L'empereur était dans ce wagon là-bas, disait-on, entouré par les soldats, mais personne ne le vit. Tout au plus, du haut de ses échasses, Antoine crut-il distinguer un uniforme blanc.

Les occasions de s'amuser n'étaient pas si fréquentes et des couples se formèrent instantanément pour danser à même le quai.

Derrière les vitres, des hommes en uniforme s'agitaient, mais aucun voyageur ne descendit ni ne grimpa à Morcenx. Les autorités locales en furent pour leurs frais et se retirèrent derrière les danseurs.

La demi-heure que le convoi accorda exceptionnellement aux badauds pour qu'ils puissent l'admirer s'écoula très vite. Les sifflets et les rugissements du monstre de fer prévinrent de son départ imminent. Les regards accompagnèrent durant quelques secondes le panache de fumée, puis, soulagés, les couples se remirent à danser de plus belle sur le quai.

Pour Vincent et Marie, il était temps de partir si l'on voulait rentrer avant la nuit. Ils furent parmi les premiers à s'engager sur le chemin du retour. Peu de gens étaient venus d'aussi loin qu'eux, le temps était superbe et beaucoup décidèrent de prolonger la fête.

En route, Vincent demanda à son épouse :

— Tu crois que ça valait la peine ?

— Tu me dis ça maintenant, alors que tu te montres impatient depuis des semaines ?

— Oui, mais pour si peu de temps...

— Moi, je trouve que c'était bien, je crois qu'il ne nous est jamais arrivé de passer une journée entière en famille à bavarder.

— Ah bon…

Vincent n'avait pas songé à cet aspect des choses, mais, si Marie était contente, c'était très bien ainsi.

Jean Saturnin avait lui aussi fait le plein de souvenirs, il réfléchissait à ce qu'il allait pouvoir raconter à ses camarades. Tout comme son père, cette machine l'attirait.

Le soleil rougeoyant descendait derrière les pins lorsque l'équipage arriva à Châton. La fatigue se faisait sentir beaucoup plus qu'après une longue journée de travail, mais, une fois les vêtements de tous les jours enfilés, chacun prit part aux corvées, encore que Jean le berger avait bien avancé la tâche sous la direction de Jeanne.

Enervé par cette journée hors du commun, Xavier se montra capricieux ; il fallut toute la diplomatie de sa mère pour qu'il accepte de se coucher.

Les semaines qui suivirent apportèrent bien des soucis. Il se mit à pleuvoir pendant plusieurs jours, l'eau à fleur de sol pourrissait les semences. Vincent dut ressemer une partie du maïs et la totalité des pommes de terre. Il était bien tard, on craignait beaucoup pour la récolte, à condition encore qu'il cesse de pleuvoir.

Hélas, le mauvais temps persista. Vincent eut toutes les peines du monde pour faire son foin. L'herbe haute et abondante s'était couchée sous les effets conjugués du vent et de la pluie, rendant la coupe lente et pénible. Il fallut ensuite transporter l'herbe sur les hauteurs au moyen d'un brancard fait de deux tiges d'acacia, afin d'éviter qu'elle pourrisse au contact du sol gorgé d'eau.

Les récoltes furent bien mauvaises cette année-là, mais heureusement pas catastrophiques.

Marie portait sa grossesse avec plus d'aisance que les trois précédentes, certaine que cette fois ce serait une fille. Et ce fut une fille qui naquit le soir du 7 octobre 1854, alors que l'on commençait tout juste à ramasser le maïs. Elle s'appellerait Maria.

Tout de suite, Jeanne, sa grand-mère, qui semblait revivre, l'accapara.

— Regarde, disait-elle à Marie, elle me ressemble.

Vincent aussi était heureux que ce fût une fille, les garçons s'étaient quant à eux désintéressés de cette rivale qui ne serait jamais ni une complice ni une compagne de jeu.

Quelques jours plus tard, un incident vint troubler la quiétude de la ferme. Il pleuvait des cordes et Vincent s'était réfugié à la forge en compagnie d'Antoine que, de temps à autre, il initiait, malgré le désintérêt du garçon pour le marteau et l'enclume.

Jean Saturnin arriva tout trempé en pleurant :

— Papa, papa, Jean n'arrive pas à faire passer les brebis au gué.

Sans s'inquiéter outre mesure, il envoya le garçon se sécher à la maison et, en compagnie de son aîné, il se dirigea vers le ruisseau. Le cours d'eau avait considérablement grossi et il était impossible aux bêtes de franchir le gué sans risque évident.

Les hommes durent faire un grand détour en amont pour gagner l'autre rive. Ils trouvèrent les chiens harassés surveillant le gros du troupeau. Antoine débusqua deci de-là quelques moutons par groupes de deux ou trois serrés les uns contre les autres, épuisés.

Sûrement, les garçons avaient fait donner les chiens, mais point de Jean. Il ne trouva son neveu nulle part.

Sous une pluie battante, ils passèrent une bonne partie de la nuit à rentrer le troupeau en l'obligeant à faire un grand détour. Antoine refusa d'aller se coucher. Ils attelèrent la jument pour aller récupérer les bêtes incapables de marcher. A première vue, il ne devait pas manquer beaucoup d'animaux. Vincent aurait été satisfait si le souci que lui causait l'absence de son neveu n'était venu l'accabler. Vincent bouchonna énergiquement la jument et prit la décision de rentrer.

Malgré l'heure avancée et la fatigue de sa récente maternité, Marie attendait ses hommes. Elle leur avait préparé une soupe bien chaude et avait nourri le feu de la cheminée. Elle insista ensuite pour qu'ils revêtent des vêtements secs et leur fit prendre un bain de pieds chaud.

— Maintenant, tu vas venir te coucher, dit-elle à Vincent. Au matin, il sera bien temps de chercher le garçon, il a dû se mettre à l'abri dans quelque coin.

— Ou bien il a eu un accident et il est en train de souffrir dans un fourré.

— Pourquoi veux-tu ? Vous avez trouvé les bêtes et vous ne l'auriez pas vu, lui… Allez, viens te coucher.

Il dormit mal et peu de temps. Le jour n'était pas encore levé lorsqu'on frappa à la porte. C'était Jean Darnère, le frère de Vincent.

— Qu'est-ce qu'il y a ? demanda-t-il devant la mine défaite de son aîné.

— Je viens voir… Le garçon est rentré hier soir trempé jusqu'aux os, impossible de lui faire dire ce qui s'est passé. Simplement, il a dit qu'il ne voulait plus revenir…

— Il n'a rien ?

— Mais non…

— Je ne sais pas ce qu'ils ont fait avec le petit hier au soir, la montée du ruisseau les a surpris et les bêtes ont refusé de passer au gué. Ils ont dû insister avec les chiens, si bien que j'ai passé la nuit dehors avec Antoine à tout récupérer. Je me faisais du souci pour Jean, on ne l'a trouvé nulle part. Là, tu me rassures.

— Et tu as des dégâts ?

— Pas beaucoup finalement, j'en ai ramené trois estropiées, peut-être il en manque une ou deux, je ne sais pas encore, je vais aller voir. Ce n'est pas bien grave, tu peux dire à Jean de revenir.

— Tu sais, il est têtu.

— Je m'en suis aperçu, je suis quand même content de lui, il fait bien son travail, tu peux le lui dire.

Les deux hommes inspectèrent le troupeau, puis Jean Darnère s'en alla soulagé. Malgré l'insistance de son père, le jeune Jean ne revint jamais à Châton. Jean Saturnin, qui avait hâte de quitter l'école, prit tout naturellement la place de son cousin auprès de son frère. Le garçon paraissait plus vif, plus curieux que son frère. Le travail de la forge, façonner des métaux, lui plaisait davantage que la garde du troupeau. Il n'eut pas le choix, mais obtint de son père la possibilité d'utiliser la forge lorsque les moutons n'exigeaient pas sa présence. La naissance de Maria vint au même moment poser un problème d'intendance, on se trouvait à l'étroit dans la maison et les garçons demandèrent à occuper la pièce que leur père avait aménagée pour Jean. Cet épisode entraîna Vincent à réfléchir, la maison était trop petite et trop délabrée. L'idée de faire comme Soulan, de construire une autre demeure, germait. Il finit par l'exposer un dimanche pendant le repas de midi.

— Que penseriez-vous, Jeanne, si on construisait une maison ?

— Oh, moi... Vous faites comme vous voulez, c'est pour vous... Mais comment allez-vous trouver l'argent ?

— Rassurez-vous, on ne va pas construire un château comme Soulan, et je peux m'en occuper pour une grande part. Quelle est ton idée, Marie ?

— Ce serait bien, mais maman a raison. L'argent ?

— Tu en as pas mal, je crois…

Marie avait peur de l'avenir et ne dépensait rien. Tout l'argent qui rentrait ou presque ne devait plus sortir. Elle n'achetait rien, même pour elle-même, sans en faire valoir la nécessité à son époux. Par contre, lorsque celui-ci demandait une somme pour une quelconque acquisition, elle la lui remettait sans poser de question.

Les marchands ambulants continuaient à passer, davantage pour sa gentillesse que par espoir de réaliser une bonne affaire.

— Oui, j'en ai, mais je crois que ça ne suffira pas.

Vincent ne désarmait pas :

— Jeanne, dit-il, on pourrait vendre les pins, c'est le moment, ils sont trois fois plus chers que lorsque ceux de Châton se sont vendus…

— Ça m'est égal, je vous l'ai déjà dit, c'est votre affaire.

Vincent et Marie firent leurs comptes, le projet n'était pas inaccessible. Par acquit de conscience, Vincent demanda conseil à son beau-frère. Antoine Magnes l'encouragea :

— C'est une bonne idée, je te mettrai quelques pins de côté pour la charpente, ou mieux tu fais tomber un chêne ou deux pour l'ossature. Toi qui es adroit, tu devrais pouvoir t'en faire beaucoup. Comme ça, tu es sûr d'y arriver.

Magnes vint voir les pins, donna quelques idées sur l'emplacement et la forme de la future habitation, et avança un prix tout à fait raisonnable pour l'achat des bois. Vincent n'eut pas besoin de discuter.

— Tu garderas la gemme pour toi, avait-il ajouté.

Dès lors, Vincent occupa tout son temps libre à la réalisation de son projet. Ce ne fut pas une mince affaire que d'abattre les deux plus beaux chênes de l'airial. Jeanne Barricat les regarda tomber dans un grand fracas, c'était pour la bonne cause.

Les scieurs de long de Magnes vinrent débiter les longues poutres qui devaient constituer l'essentiel de l'ossature que les charpentiers à qui Vincent avait fait appel assemblèrent et dressèrent, avec beaucoup d'astuce et d'ingéniosité, sous les yeux ébahis de Jean Saturnin.

Vincent allait chercher tuiles et briques au quartier de Saint-Jouan où il y avait une fabrique de terre cuite.

Jean Saturnin prenait plaisir à aider son père qui posait les briques, les unes après les autres, entre les poutres de bois. Dans un bac, ils éteignaient de la chaux vive qu'ils mélangeaient ensuite avec un peu de sable afin de l'utiliser comme mortier. Il fallut près de deux ans pour achever l'édifice, ce qui faisait dire à Soulan, non sans aigreur :

— Tiens, il manque d'argent…

Le brave Antoine Soulan s'était remarié à Aureilhan et on ne le voyait que de rares fois durant lesquelles il ne manquait pas de venir saluer Marie. Son petit frère par contre était un véritable chenapan. Il cherchait querelle à Xavier sous le moindre prétexte, il frappait les poules et les cochons avec un bâton, excitait les vaches et la jument… Lorsque Marie intervenait, il continuait de plus belle, jusqu'au jour où Vincent s'en mêla, ce qui ne fit que compliquer un peu plus les relations avec Châton.

Malgré cela, on était fiers et heureux chez les Darnère. Jeanne Barricat se sentait revivre, elle avait une admiration sans borne pour ce gendre qui savait mener sa barque. Elle ne regrettait pas de lui avoir laissé diriger l'exploitation. Quant à Marie, son bonheur irradiait et la rendait belle et épanouie aux yeux de son époux.

Vincent avait reçu un choc quelques mois auparavant : sa nièce Catherine, qu'il avait tant de fois fait sauter sur ses genoux, était décédée dans son plus bel âge, à vingt ans.

On emménagea tout de même dans l'allégresse, depuis longtemps chacun avait choisi sa chambre. Il y en avait quatre dont les portes donnaient directement sur la salle à manger immense où trônait une cheminée, derrière laquelle une autre pièce plus petite servait de cuisine. Un escalier menait au grenier qui occupait toute la surface de la maison, de quoi mettre à l'abri une grande quantité de provisions. De petites fenêtres basses permettraient, si cela devenait nécessaire, d'aménager une ou deux chambres. Au sol, fini la terre battue : Vincent avait posé de grands carreaux en terre cuite sur un lit de sable bien tassé. Marie appréciait : un coup de balai et tout était net.

Il fallut pendre la crémaillère avec les voisins Poursit et Bidaou. Soulan vint aussi, davantage pour préserver son image que par plaisir. De plus, on avait choisi carnaval pour fêter l'événement et il était difficile de se dérober en cette occasion.

Marie faisait visiter chaque pièce fraîchement blanchie à la chaux, ses voisines s'enthousiasmaient ; même Simone Soulan, sa cousine, trouvait que c'était plus fonctionnel que chez elle où il y avait de quoi se perdre avec toutes ces pièces, inhabitées de surcroît. Lorsque

Vincent eut démoli la vieille bâtisse devenue dangereuse à cause de sa vétusté, à croire que c'était les meubles qui la soutenaient, il se trouva désemparé devant l'absence de travail. Cette maison avait été un but, une motivation pendant deux années durant lesquelles il n'avait pas vu grandir ses enfants. On parlait déjà d'envoyer Xavier à l'école, tandis que la petite Maria s'était souvent trouvée dans ses jambes alors qu'il ne se rappelait plus ses premiers pas. Il prit la peine de remettre tout ce qu'il avait négligé en ordre jusqu'à la fin de l'hiver.

La jument avait eu un autre poulain qui faisait l'admiration de Xavier et qui était son compagnon de jeu préféré. Ils gambadaient tous deux comme des fous. Le gamin semblait faire ce qu'il voulait du petit animal qui obéissait docilement à sa voix et à ses gestes.

Maria était toujours fourrée dans la laine ou dans la boîte à couture de sa grand-mère qui faisait semblant de la disputer. Jeanne avait obtenu que la fillette partage sa chambre. Ainsi, les garçons avaient réintégré la maison. Jean Saturnin partageait la sienne avec Xavier. A treize ans, c'était presque un jeune homme qui avait acquis quelques connaissances, mais qui avait en plus une faculté d'adaptation et de compréhension qui émerveillait son père. Depuis que les garçons s'occupaient du troupeau, ils n'avaient subi aucune perte. Dès qu'il en avait l'occasion, Jean Saturnin se mettait à la forge et manifestait une dextérité peu commune. Il était fier d'avoir inscrit le nom des Darnère, accompagné de la date, sur le loquet de la porte. Vincent espérait pour lui un brillant avcnir.

Au début du printemps, Antoine Magnes fit de nouveau appel à son beau-frère. Il considérait que sa scierie fixe hydraulique n'était pas suffisamment performante et il envisageait d'utiliser une machine à vapeur pour scier à même les chantiers. Une véritable révolution ; aussi, Magnes ne se pressait pas d'acheter ce nouvel équipement. Il assistait pour l'instant à sa mise au point et faisait de fréquents déplacements.

— Tu verras, Darnère, on peut tout faire avec cette machine. Toi qui as vu le train, c'est la même chose, sauf qu'elle est sur cales et que sa roue, grâce à une courroie, entraîne le volant de la scie. C'est d'une puissance inouïe.

Cette période était pour les Landes considérablement bénéfique. La loi du 19 juin 1857 était venue lui apporter une dynamique supplémentaire. Désormais, chacun avait la possibilité d'acquérir de la lande à un prix souvent dérisoire, déterminé par le conseil municipal, à condition d'ensemencer ou de planter en pin maritime. Des dizaines de milliers d'hectares de landes furent transformées en forêt. Antoine Magnes en profita et ne manqua pas d'inviter Vincent à acheter lui aussi des parcelles qui jouxtaient sa propriété. La lande de Nicq, toute proche, lui avait donné beaucoup de peine ; les graines avaient pourri et la parcelle était très inégale. Cet endroit présentait un lourd handicap, l'eau stagnait une bonne partie de l'hiver et la configuration ne permettait pas un drainage convenable. Ce fut le Guetch qui acheta les terres qui séparaient Châton du domaine d'Uza. Les troupeaux de Châton, qui avaient l'habitude de paître dans ces parages, durent changer d'emplacement.

Ce boisement, s'il semblait bénéfique, notamment pour l'avancée des sables, devenait contraignant pour les moutons. Cela inquiétait beaucoup Vincent, qui voyait l'élevage des ovins compromis dans un avenir proche.

Magnes installa sa première machine à vapeur près de l'ancien métier hydraulique que l'on modifia pour les accoupler. Ce fut le travail de Vincent qui, à défaut d'avoir confiance dans la machine, avait confiance en son beau-frère qui le guidait. Parfois, il emmenait Jean Saturnin que cette nouvelle méthode intriguait. Il fallait alors rassurer Marie qui craignait pour ses deux hommes. Ne disait-on pas que ce monstre avait déjà tué dans des explosions bruyantes ! Pour les employés aussi, la curiosité et l'admiration avaient fait place à la crainte dès qu'ils avaient dû côtoyer l'engin. Au bout de quelques mois, chacun se familiarisa avec cette superbe mécanique et Vincent put enfin se libérer des exigences contraignantes de l'engin. Il fallait commencer bien plus tôt que tout le monde pour atteindre la bonne pression à l'heure où l'on attaquait le sciage. Marie fut satisfaite lorsque Vincent lui annonça que la machine pourrait désormais fonctionner sans sa présence quasi permanente. Une satisfaction vite effacée par une nouvelle inquiétude. Elle avait la certitude d'être une nouvelle fois enceinte. Vincent, qui voyait grandir ses enfants sans le moindre problème, accueillit la nouvelle avec sérénité :

— Eh bien, on a de la place maintenant, et ça fait une jolie famille, tu ne trouves pas ?

Voilà qui était rassurant. Vincent redoubla d'attention pour sa femme, lui évita les travaux pénibles, comme il en avait pris l'habitude à chacune de ses grossesses, provoquant les sourires de Jeanne, sa belle-mère, qui promenait encore sa vieille carcasse et se rendait toujours utile.

— Les vieux, c'est comme les ânes, disait-elle, ça rend plus de services que ça ne vaut.

Ce jour-là, Magnes avait fait appeler son beau-frère pour forger une pièce défectueuse. Vincent avait abandonné le ramassage du maïs pour le dépanner. La pièce était délicate et demandait toute l'attention et la précision du forgeron. La machine était à l'arrêt. Hormis le marteau, on n'entendait que le claquement des traverses que les hommes empilaient sur des charrettes.

Des convois de dix ou douze muletiers s'en allaient vers la gare de Morcenx le matin de bonne heure et revenaient le soir tard. Parfois, il fallait recommencer le lendemain si les wagons n'étaient pas remplis.

Avec l'atelier de résine tout proche, cela créait une belle animation. Magnes ne comptait pas en rester là, mais il avait encore un problème à résoudre pour installer ses machines en forêt. Il jugeait plus facile de transporter le bois scié que les billons à débiter. Ces engins à vapeur étaient gourmands en eau et, faute de ruisseaux, il entrevoyait avec l'aide de l'ingénieur Croutzet l'installation de puits filtrants. L'ingénieur avait préconisé cette idée à cause de l'insalubrité de l'eau qui provoquait encore de graves maladies.

La pièce avait pris la forme désirée sous les mains expertes de Vincent, il ne lui restait plus qu'à l'ajuster lorsqu'il ressentit un silence anormal autour de lui. Il leva la tête et aperçut sa sœur Elisabeth. Tout de suite, il sut que quelque chose de grave était arrivé. Jamais la jeune femme ne se montrait dans les ateliers. Lorsqu'elle voulait voir son frère, elle lui faisait dire de passer. La mine défaite, elle s'avança un peu plus.

— Le petit Jean est mort…

Après Catherine, c'était le tour de Jean, lui aussi à vingt ans. Décidément, la malchance s'acharnait. Jean, c'était le petit berger enfui de Châton que Vincent n'avait pas revu depuis trois ans. Il savait que Marie l'avait traité comme son propre enfant. Comment allait-il lui annoncer sa mort ?

— Il faut que je termine la pièce, dit-il, sinon personne ne peut travailler. Tu ne bouges pas, je préviendrai moi-même à la maison. J'en ai pour une heure ou deux à ajuster, le temps de relancer et je passe à Caoule.

Marguerite était prostrée au pied de la cheminée tandis que Jean, son mari, tournait en rond autour de la ferme. Vincent essaya de réconforter son frère. Perdre des enfants en bas âge était déjà pénible, mais en perdre deux à l'âge où l'on s'installe dans la vie devenait insupportable.

Les Darnère passèrent deux jours longs et douloureux. Les nombreux témoignages de sympathie n'atténuèrent en rien leur chagrin.

Bien qu'il eût mauvaise conscience à laisser son frère et sa belle-sœur dans la peine, Vincent ne s'attarda point et rentra très vite à Châton avec Marie. Elisabeth saurait bien soulager les infortunés parents. La ferme réclamait des bras et un acharnement qui saurait mettre à mal les soucis qui troublaient l'esprit.

Depuis quelque temps, Vincent savait qu'il devait construire une autre bergerie, il avait beau rafistoler le bâtiment au toit de chaume qui menaçait de s'écrouler, c'était peine perdue. Dès que le maïs fut ramassé, il se mit à l'ouvrage avec Antoine et Jean Saturnin. Ce n'était pas une mince affaire. Une nouvelle fois, il dut faire appel aux charpentiers.

L'opération demanda autant d'habileté que pour la maison, la carcasse du bâtiment était imposante et il ne restait plus qu'à poser le bardage, ce qui demanda une bonne partie de l'hiver.

Lors de la tue de cochon qui coïncidait presque toujours avec carnaval, Soulan considéra le bâtiment avec un esprit critique qui laissait transparaître un soupçon de jalousie. A une moins grande échelle, Darnère réussissait mieux par son travail que lui, Soulan, avec son argent, et cela lui était insupportable. Heureusement, tout cela allait changer avec son second fils qu'il avait envoyé étudier dans un collège de Dax. Pour Vincent, il était temps que le garnement quitte le quartier. Xavier avait peur de lui et craignait d'aller à l'école avec son cousin, tant celui-ci le gratifiait de brimades et ne manquait pas une occasion de le rabaisser. Le garçon, s'il fit quelques apparitions à Châton, jamais plus ne s'aventura chez les Darnère. Il était imbu de son savoir et de sa personne, sa méchanceté s'était transformée en mépris.

Avant les labours, on mettait toujours les moutons dans les champs afin qu'ils rasent les herbes et qu'en même temps ils apportent une fumure naturelle. Tout en conservant un œil sur le troupeau, Antoine et Jean Saturnin en profitèrent pour clouer les dernières planches avec leur père.

Le 21 avril 1859, Marie accoucha d'une seconde fille, Marie Elisabeth. Tout naturellement, Elisabeth devint le bébé de Maria. On s'était longtemps posé la question de savoir si on enverrait Maria à l'école, seul Vincent était tenté. Jeanne Barricat prétendait qu'une fille n'avait pas besoin d'aller à l'école, Marie avait simplement constaté qu'il n'y avait pas de classe pour les filles au village. Vincent se résigna, il aurait aimé cependant que sa fille apprenne à lire et à écrire, Jean Saturnin pourrait peut-être l'aider... Xavier, lui, montrait plus d'aptitude avec les chevaux qu'avec les livres. On avait gardé son compagnon de jeu, qui était devenu une belle jument de deux ans qui se montrait nerveuse et qui piaffait d'impatience à l'heure où le gamin rentrait de l'école. Marie craignait le pire, mais l'animal et l'enfant s'entendaient à merveille. Lancée dans des courses effrénées, la jument s'arrêtait ou virait à quelques centimètres du garçon sans jamais le toucher, les sabots faisant un bruit d'enfer. Vincent n'avait eu aucune peine à mettre Ponpon au travail, la présence rassurante de Xavier avait facilité les choses et l'enfant était fier d'avoir participé au dressage.

Elisabeth devint très vite le nombril de la famille. Elle refusa le lait de sa mère au bout de quelques jours et, après des pleurs à n'en plus finir, elle accepta de boire du lait de vache.

Du haut de ses cinq ans, la petite Maria essayait de la materner du mieux qu'elle pouvait, les cris de sa petite sœur la rendaient malheureuse. C'est avec elle que le bébé fit ses premiers pas aux environs d'un an. On aurait pu dès lors croire que Maria faisait ce qu'elle voulait de la turbulente Elisabeth. C'était tout le contraire.

Vincent n'avait pas mis les pieds à la scierie depuis au moins deux semaines et le travail s'était accumulé : les haches, les palots avaient besoin d'être aciérés, c'est-à-dire qu'il fallait rendre leur tranchant fin et dur en utilisant judicieusement le chaud et le froid. Des pièces tordues par le poids du bois avaient besoin d'être remodelées. Bref, la journée avait été courte et il avait continué à battre le fer bien après que tout le monde fut parti.

Il avait fait très chaud, l'orage menaçait, le ciel lourd de nuages noirs se lézardait sous l'effet des éclairs, le vent bruissait. Vincent hésitait. Avait-il le temps de rentrer à Châton avant la pluie ou devait-il attendre que l'orage passe ? Il jeta un coup d'œil sur le travail qu'il lui restait à accomplir et décida de le terminer. Au lieu de revenir pour une petite heure le lendemain, il pourrait s'occuper à la ferme. Tant pis s'il rentrait tard dans la nuit, Marie était habituée à des horaires fantasques et ne s'inquiéterait pas.

L'orage semblait se complaire au-dessus de sa tête, la forge était éteinte, la nuit s'était installée et la pluie tombait toujours. Vincent s'engagea fort tard dans le chemin où les herbes mouillées et les arbres dégoulinants le trempèrent autant que le faisait la pluie.

Malgré l'heure tardive, Jeanne Barricat était encore debout au pied de la cheminée, allumée, pensait-il, pour qu'il puisse se sécher. Marie sortit de la chambre d'Antoine. Les traits défaits, elle annonça à son mari :

— Antoine est très malade.

Jeanne se mit à pleurer. Vincent était impressionné ; en vingt ans, il n'avait pas vu couler une seule larme sur le visage de sa belle-mère. Il mit cela sur le compte des ans ou d'une faiblesse passagère et voulut la rassurer.

— Ne vous inquiétez pas, Jeanne, c'est du solide, ça, demain il va sauter et danser…

— Il va mourir, oui…

Le doute s'installa, il questionna sa femme du regard.

— Maman dit qu'il a les mêmes réactions que papa quand il est mort.

Devant le pessimisme des femmes, Vincent se précipita dans la chambre de son fils. Celui-ci semblait avoir beaucoup de fièvre et délirait, il n'eut pas conscience de la présence de son père. Vincent prit peur à son tour.

— Tu ne laisses pas les petits approcher, je retourne à Saint-Julien chercher le médecin.

— Change-toi au moins, tu es tout mouillé.

En quelques minutes, Vincent avait enfilé des vêtements secs, attelé la jument et repris le chemin boueux qu'il venait de quitter.

Il était bien possible que Jeanne ait raison. S'il s'agissait de cette fièvre qui vous emporte l'homme le plus solide en pleine force de l'âge, on pouvait craindre le pire. Cette idée le fit frissonner et il tenta de la chasser, le médecin saurait bien faire ce qu'il faut.

Vincent connaissait bien ses garçons et il mettait tous ses espoirs dans Antoine pour reprendre la ferme. Il savait déjà que Jean Saturnin préférerait les nouvelles mécaniques et qu'il n'était pas fait pour s'occuper de la terre et du bétail. L'hiver dernier encore, les deux hommes s'étaient installés à la forge et faisaient chanter le marteau au même rythme, si bien que l'on aurait pu croire qu'il n'y en avait qu'un seul. Depuis quelque temps, le travail à la forge ne manquait pas. Le nouveau système de gemmage avec le pot ascensionnel, un petit pot en terre cuite que l'on plaçait à la hauteur désirée, bloqué sur le haut par une bande de zinc arrondie qui canalisait la gemme et par le bas par une pointe qui exerçait une pression sur le fond du pot, il avait fallu se montrer ingénieux. De nouveaux outils étaient nécessaires, et surtout le fameux hapchot au tranchant recourbé qui entaillait l'arbre proprement et de manière beaucoup plus aisée qu'on ne pouvait le faire avec la hache. Chaque semaine, le gemmeur passait rafraîchir sa « care » en découpant de fines lamelles qui devenaient une fois sèches de précieux allume-feu. La gemme suintait de l'entaille et venait, plus propre et plus pure, remplir progressivement le pot. Si d'autres forgerons avaient été confrontés au même problème, Vincent était conscient de l'avoir résolu correctement s'il considérait le nombre de pièces qu'il avait dû fabriquer.

Vincent sursauta sur un cahot ; la jument trottinait, devinant le chemin plus qu'elle ne le voyait tellement la nuit s'était assombrie sous l'effet menaçant d'un nouvel orage. L'attelage pénétra à vive allure dans l'allée et s'arrêta devant le perron. Vincent frappa et appela plusieurs fois avant que la domestique n'ouvre la porte. Elle le connaissait.

— Ah, c'est toi, Darnère. Qu'est-ce qui te prend de faire tant de bruit…

— Mon fils, mon fils est très malade, je crois que c'est très grave, il faudrait que le médecin vienne tout de suite.

— C'est qu'il vient de partir, on l'a appelé à Contis.

Croyant que la domestique faisait un simple barrage, Vincent insista :

— Mais c'est très grave, je te dis…

— Je comprends, mais regarde, la porte de l'écurie est encore ouverte.

— Je vais l'attendre.

— Ça ne sert à rien, rentre chez toi, je te promets qu'il viendra tout de suite, il te connaît et il sait bien que tu ne t'affoles pas pour rien.

— Mais ça peut durer longtemps…

Contis était le quartier le plus éloigné du village, tout juste au bord de l'océan, et ne comprenait que deux ou trois maisons.

— Je ne sais pas, mais ne t'inquiète pas, il viendra en suivant.

Vincent ne savait plus quoi faire. Maintenant, il avait vraiment peur pour Antoine. Il maudissait l'orage et le travail qui l'avaient retardé. Lentement, il fit virer la jument et la laissa aller au pas. Soudain, il tira sur les rênes et stoppa. Sa sœur habitait là tout près, il allait la prévenir, il comptait sur elle pour presser le médecin. Là aussi, il eut du mal à réveiller les domestiques.

— Je voudrais voir ma sœur.

Louise ne discuta point. Darnère là en pleine nuit, ça ne pouvait être qu'important. Elisabeth se précipita, affolée, à demi vêtue.

— Qu'est-ce qu'il se passe ?

— Antoine est très malade et le médecin n'est pas chez lui, si tu pouvais insister lorsqu'il va rentrer pour qu'il vienne immédiatement.

— Le mari de Louise va aller l'attendre. Veux-tu que je vienne avec toi ?

— Ce n'est pas la peine, je préfère que tu t'occupes du médecin. Merci, je me dépêche de rentrer.

Parler avec sa sœur lui avait redonné un peu le moral. Il remit la jument au trot alors que l'orage sévissait à nouveau. Il dut rassurer la bête de la voix tout au long du chemin, l'animal faisant quelques écarts, passablement énervé par les éclairs et le tonnerre. Lorsqu'il arriva, Marie le questionna :

— Et le médecin ?

— Il va venir dès qu'il pourra, il était parti à Contis.

Marie se mit à pleurer.

— J'ai prévenu Elisabeth, elle va l'envoyer tout de suite.

Toute la nuit, Vincent et Marie veillèrent leur fils. Tantôt Antoine avait des accès de fièvre et délirait, tantôt il retrouvait son calme, sans toutefois reprendre ses esprits.

Le médecin arriva au petit jour, les trais défaits par une nuit sans sommeil. Dès qu'il vit le jeune homme, il manifesta le souhait de rester seul avec lui. De temps en temps, il réclamait une boisson chaude. Les heures passaient, interminables. Marie et sa mère ne quittaient pas la cheminée malgré la journée torride qui s'annonçait. Vincent s'occupait des bêtes, il fallait bien... Un silence oppressant régnait dans la maison. Soudain, le regard baissé, la tête dodelinant, le médecin, dans un geste d'impuissance, annonça :

– C'est fini, il ne souffrira plus.

Marie poussa un cri et se réfugia dans les bras de sa mère. Le brave homme s'en fut dehors, à la recherche de Vincent qui n'eut pas besoin d'entendre le son de sa voix pour comprendre l'objet de sa funeste démarche.

On envoya Jean Saturnin chercher Soulan, qui s'occupa de toutes les formalités, et les petites furent confiées à Simone. Pour la première fois de sa vie, Marie revêtit le noir. Elle avait trente-huit ans et on était le 10 août 1860.

Les jours suivants furent vécus dans un état second. Le malheur qui jusque-là frappait tout autour venait de s'abattre sur leur foyer. Vincent et Marie étaient effondrés et Jeanne trouvait refuge auprès des fillettes.

Pendant plusieurs jours, il fut impossible à Vincent de se concentrer sur son travail qui souffrait d'un retard important.

Chaque fois qu'il avait eu un problème moral à évacuer, il lui suffisait de s'adonner à une activité physique intense pour retrouver un équilibre. Comme si la fatigue de son corps anesthésiait son esprit. Hélas, en la circonstance, ses bras et ses jambes refusaient d'avancer, et ce n'était pas ce qu'il voyait autour de lui qui aurait pu l'encourager. Marie cédait à n'importe quel moment à une crise de pleurs, et à chaque fois, pour se cacher des enfants, elle se réfugiait dans la chambre ou dans un endroit où elle pouvait s'isoler. Les enfants aussi furent perturbés. Elisabeth, sans comprendre encore, ressentait quelque chose d'anormal et se montrait nerveuse. Maria se construisait une carapace, sans quoi son petit cœur aurait cédé devant toutes les misères de la terre. Xavier trouvait refuge et réconfort dehors, au milieu de la basse-cour, toujours en relation très étroite avec la jument. Le plus aigri, c'était Jean Saturnin. La disparition de son frère allait l'obliger à suivre le troupeau alors qu'il attendait son heure pour accompagner son père auprès des machines de Magnes qui l'attiraient de plus en plus. Vincent engagea tout de même un jeune berger qui revenait d'effectuer son service militaire en Algérie, d'où il avait ramené une forte propension à se laisser vivre. Jean Saturnin était dépité, heureusement que les chiens bien entraînés veillaient. Vincent sut très vite qu'il ne pourrait pas garder son nouvel employé, d'autant que le garçon attendait de rencontrer une fille qui veuille bien le suivre de l'autre côté de la Méditerranée. Bon gré mal gré, en dehors des jours de classe, Xavier s'initiait à la garde des moutons.

L'hiver fut difficile, Jeanne Barricat tomba malade et prit beaucoup de temps à Marie, qui avait déjà fort à faire avec les fillettes.

Antoine Magnes, sentant qu'il était urgent de sortir son beau-frère de la léthargie dans laquelle il avait sombré, était venu en personne le secouer.

— Vincent, il faut absolument que tu viennes me mettre la scierie en marche en forêt. Tu sais que chaque hiver on est obligé d'arrêter parce qu'on ne peut plus transporter le bois.

Dès qu'il pleuvait, les chemins étaient rendus impraticables. Les charrettes aux grandes roues cerclées de fer creusaient des ornières si profondes que les mules, pourtant robustes et bien nourries, étaient incapables d'avancer. Elles-mêmes s'enfonçaient parfois jusqu'au ventre. On avait bien relié les gares aux principaux villages par des routes, bordées de larges fossés comme celle de Mimizan à Morcenx qui passait par Mézos. Magnes prenait la précaution de garder des chantiers accessibles l'hiver, mais il se trouvait toujours un passage difficile qui provoquait l'arrêt de l'approvisionnement.

Avec cette nouvelle machine installée au milieu des bois sur un terrain sec, le sciage ne devait pas être interrompu. L'important étant de produire, le bois débité séchait en attendant d'être transporté.

Lorsqu'il achetait des pins, Antoine Magnes avait entre trois et cinq ans pour les exploiter, un laps de temps qu'il mettait à profit pour faire extraire le maximum de gemme par ses résiniers. Parfois, le premier billon était impropre au sciage tellement il comptait de blessures. Qu'importe ! on le fendait à la hache et il servait à alimenter la machine. Personne n'ignorait que Magnes était en train de construire une fortune, et bien des familles lui devaient de vivre aisément.

Vincent fut quelque peu embarrassé pour le choix de la nouvelle installation. Certes, il avait un terrain sec, mais il lui fallait aussi de l'eau. Trois tentatives furent nécessaires dans une parcelle située au nord de Mézos que Magnes avait achetée à prix d'or parce qu'elle se trouvait à proximité immédiate de la route qui menait de Mimizan à Morcenx. Cette tâche accapara Vincent, lui faisant oublier un peu son malheur, qui lui était sans cesse rappelé lorsqu'il rentrait chez lui par les vêtements noirs que portait Marie, auxquels il n'était pas habitué.

Marie aussi redoublait d'activité, c'était elle qui maintenant pétrissait la pâte et cuisait le pain, des tâches que Jeanne Barricat n'avait jamais voulu lui abandonner.

— C'est le travail des vieux, ça, disait-elle.

Une grande lassitude encombrait l'esprit de Marie. Elle se sentait vieillie, elle trouvait la mort trop injuste, elle s'était manifestée de la pire des façons après avoir épargné sa famille pendant vingt ans.

Pas de fête cet hiver-là pour la tue de cochon, on occulta carnaval aussi, malgré l'insistance des voisins qui eux aussi flirtaient avec le malheur et parfois la misère.

Vincent se trouva rapidement débordé par l'entretien des machines. Il ne cessait de faire la navette de l'une à l'autre. C'est à peine s'il eut le temps de bêcher son jardin et de labourer les champs. Mais ce surcroît d'activité lui fit peu à peu reprendre goût à la vie.

Soulan, lui, se frottait les mains : le prix de la gemme avait augmenté considérablement et cela allait durer, disait-on. Jusqu'à cent francs, le gemmeur touchait la moitié d'une barrique de trois cent cinquante litres, c'est-à-dire jamais plus de cinquante francs. Il coulait des larmes d'or de ce pin dont on faisait fi il y avait peu de temps. Lorsque le prix de la barrique atteignit les deux cents francs, les propriétaires touchaient cent cinquante francs. Tout cela, disait-on, grâce à ou à cause de la guerre de Sécession aux Etats-Unis. Quelques gemmeurs tentèrent de se révolter, mais ils étaient trop peu nombreux et les menaces que l'on fit planer sur eux eurent raison de leurs velléités.

Soulan excellait dans son rôle de maître absolu, et ceux qui ne voulaient pas plier n'avaient qu'à s'en aller ; ainsi, les métayers et les pasteurs se succédaient à Châton à un rythme dont le domaine souffrait. Dubez,

Lartigue, Lacoste, Callen, des hommes qui pourtant n'étaient pas des novices, n'avaient été que de passage à Châton. Bidaou avait dû lui-même obtempérer lorsqu'il avait exigé que les bœufs restent à Châton. A l'origine, les bœufs appartenaient à Bidaou, à Antoine Mesplède et à sa sœur Jeanne Barricat.

Le rusé Mesplède préférait que les bêtes restent à Bidaou, ainsi il n'avait pas besoin de les nourrir :

— Le fumier qu'ils te font compense largement le foin que tu leur donnes.

Lors de la succession, Soulan prétexta une utilisation abusive de la part de Bidaou, qui pour avoir la paix rapatria l'attelage à Châton et finit par emprunter la jument de Darnère pour les menus travaux. Seule Jeanne Barricat inspirait quelque crainte à Soulan, qui souriait à présent à la nouvelle de sa maladie. Au quartier, seul Vincent Darnère échappait complètement à son autorité et cela le plongeait dans une colère noire.

Il n'était pas plus avancé avec ses bœufs. Alors que ses domestiques devaient sarcler le maïs à la main, Darnère avait conçu un outil que tirait la jument.

— Regardez-moi ça, disait-il, il reste encore de l'herbe.

C'était faux. Non seulement l'herbe était enfouie, mais le maïs se satisfaisait de cette terre bien remuée et poussait de quinze à vingt centimètres de plus que celui de son voisin. Il trouvait encore le moyen de railler en prétendant que la vigueur se trouvait davantage dans la tige que dans l'épi. Vincent se moquait bien de ce que pouvait penser le maître de Châton, qui trouvait en son fils une oreille attentive. Nul doute que les études n'avaient inculqué au jeune homme ni le respect ni la tolérance.

L'argent conduisait le père et le fils à tenter de s'installer dans un statut de bourgeois qui devait les placer bien au-dessus de ces voisins qu'ils méprisaient. Il suffisait d'attendre l'occasion qui démontrerait leur puissance.

Jeanne Barricat s'était remise peu à peu et avait tenu à reprendre ses activités, même s'il lui fallait du temps pour accomplir les travaux qu'elle s'attribuait d'autorité. Les propos et les agissements de son neveu n'étaient pas étrangers à son redressement. A son âge, elle n'espérait plus grand-chose et n'attendait plus rien de cette jungle où l'homme est un fauve qui n'hésite pas à se comporter comme un prédateur vis-à-vis de ses semblables. La vieille femme savait depuis longtemps qu'il fallait hurler avec les loups, et là elle s'y entendait. Elle connaissait Soulan depuis quarante ans et elle n'hésitait à le reprendre en public au premier mot qu'elle sentait mordant. Cependant, à force de les employer, les mots perdent leur valeur et n'ont plus le même impact. Jeanne Barricat craignait pour son gendre, qui ne pensait qu'à travailler. Rien ne semblait avoir de prise sur lui. Il était toujours d'humeur égale, mais les derniers événements l'avaient fragilisé, elle le sentait de plus en plus lointain.

Vincent avait connu un grand moment de désarroi, mais il n'avait pas le droit de se décourager. Ses quatre enfants avaient encore besoin de lui, et il se laissa accaparer par le travail. Il faisait des navettes incessantes entre Saint-Julien et le quartier de Larden à Mézos où il avait aidé à installer la première machine à vapeur pour scier le bois en pleine forêt.

Mis à part les grandes scies circulaires que le scieur affûtait consciencieusement avant que les ouvriers n'arrivent, tout l'entretien lui incombait. Les haches, les outils à écorcer les pins, les charrettes, la machine elle-même, encore que celle-ci n'avait connu aucun problème. Le patron était incontestablement le scieur, mais chacun considérait que Vincent était au-dessus de lui, compte tenu de sa parenté avec le vrai patron, Antoine Magnes. Il n'était pas rare qu'on lui expose des conflits qu'il ne tardait pas à régler avec son bon sens habituel.

Un jour qu'il battait le fer de haches mises à mal par les bûcherons, l'un d'entre eux vint le chercher, tout affolé :

— Viens vite, Paul est coincé sous un pin.

Les deux hommes se précipitèrent vers le lieu de l'accident. Paul, un homme solide d'une quarantaine d'années, gisait là, un arbre en travers du corps, une dizaine d'hommes autour, désemparés.

— Il est mort, lâcha l'un d'eux.

— Je ne crois pas, affirma Vincent. Dépêchez-vous. Ebranchez l'arbre. Toi, appelle les muletiers.

Vincent fit reculer le diable le plus près possible du corps, passa une chaîne sous le tronc et l'arbre fut soulevé à l'aide de la crémaillère qui remontait la chaîne. Le diable était une espèce de char conçu pour transporter de grandes longueurs, avec deux grandes roues, un timon très long et, entre les roues, une mécanique composée d'une crémaillère et d'engrenages actionnés par deux servants à l'aide d'une manivelle. Le corps fut vite dégagé. Effectivement, Paul secouait la tête sans une plainte. L'autre muletier était là avec une charrette normale sur laquelle Vincent fit disposer quelques peaux de mouton. Malgré les précautions, Paul hurla de douleur lorsqu'on le hissa sur la charrette.

— Bon, dit Vincent au muletier, tu files à Saint-Julien chez le médecin, il te dira ce qu'il faut faire. Et, s'il te le demande, ramène-le chez lui à Contis. Toi, Louis, tu es le plus jeune, tu vas aller prévenir le médecin qu'il vienne le plus vite possible à la rencontre de la charrette.

Vincent ne chercha pas à savoir comment cela était arrivé, un accident étant souvent la conséquence d'une erreur. Dix minutes après, les haches résonnaient de nouveau dans la forêt.

Malgré de multiples fractures, le médecin avait affirmé que Paul s'en tirerait, mais qu'il aurait de grandes difficultés à marcher, si toutefois il retrouvait l'usage de ses jambes. Il avait quatre enfants en bas âge, comment allait-il les élever ?

Vincent en parla avec Antoine Magnes, qui décida d'aider Paul jusqu'à ce que son fils aîné, qui avait neuf ans, soit en mesure de travailler. Il y avait là davantage le souci de conserver une bonne image et une équipe soudée que la volonté de venir en aide à un homme qui ne serait plus d'aucune utilité. Cependant, les patrons qui agissaient ainsi étaient rares, voire inexistants.

La gemme rapportait de plus en plus et le jeune pasteur, à défaut de regagner l'Afrique du Nord, se lança dans cette véritable chasse au trésor malgré son inexpérience et son peu d'entrain.

Jean Saturnin ne cachait pas son indifférence pour le métier de berger ; pour que Xavier ait la possibilité d'assurer ce travail quasiment seul, Vincent procéda à une sérieuse sélection du troupeau : de cent cinquante têtes, il passa à moins de cent. Chaque matin, après avoir parlé à Ponpon, Xavier s'en allait avec les moutons, accompagné des deux chiens, Paqui et Tignous, des labrits bien entraînés qui n'attendaient qu'un ordre du garçon pour intervenir. Il y en avait toujours un plus jeune que l'autre, le dressage était plus facile. Ces deux-là, c'était encore l'œuvre d'Antoine. Ils avaient accepté leur jeune maître sans broncher. Dès que le garçon sortait de la maison, Tignous venait se frotter à ses jambes, impatient de partir. Paqui semblait avoir assimilé le rituel. Xavier s'occupait toujours des chevaux avant de partir et il restait couché dans la mousse jusqu'à ce que la première sonnette tinte dans la cour.

Pour se rendre dans les pâturages de la lande encore vierges de semis de pin, les brebis devaient emprunter dans les terres de Soulan un passage que toutes les bêtes du quartier utilisaient. Un matin d'août, Xavier trouva sur son chemin Pierre Soulan qui, muni d'un bâton, tentait d'empêcher les bêtes de passer.

— Tu n'as pas le droit, ce n'est pas chez toi ici, tu n'as qu'à conduire tes moutons ailleurs.

Xavier fit donner les chiens et le jeune Soulan se trouva vite submergé par le troupeau. Il avait beau jouer du bâton, les bêtes avançaient inexorablement. Il avait quatre ans de plus que Xavier et le dépassait d'une bonne tête. Il l'agrippa par le col et voulut le frapper. Xavier esquiva le coup et siffla les chiens qui vinrent se ranger à ses côtés.

— Si tu ne me lâches pas, je te fais mordre par les chiens.

Toujours aussi agressif, mais craignant les labrits qui l'entouraient avec des grognements pas très rassurants, il baissa les bras. Le visage rouge, les yeux fous, il traita Xavier de tous les noms, puis s'en alla. Au passage, il donna un coup de bâton furtif à Paqui qui se trouvait sur son chemin. Celui-ci n'en demandait pas tant et s'en prit férocement à son pantalon, rejoint immédiatement par

Tignous. Pierre Soulan ne dut son salut qu'à l'intervention rapide de Xavier. Il s'en fut hurlant, le pantalon en lambeaux. Xavier qui riait tout ce qu'il pouvait continua son chemin.

L'histoire fit grand bruit à Châton. Soulan vint demander des explications à Vincent alors que celui-ci revenait avec une charge de mousse qui servait de litière aux animaux, la paille de seigle ne suffisait pas pour l'année entière. C'était souvent les femmes qui ramassaient la mousse et la mettaient en petits tas que Vincent venait chercher dès qu'il en avait le temps. La litière et le fumier étaient les deux corvées qu'il s'octroyait d'office. C'était des travaux beaucoup trop pénibles qu'il refusait de voir accomplir par Marie.

Soulan s'énervait :

— Oui, ton Xavier a mis les chiens après mon fils…

— Je ne sais pas très bien ce qu'il s'est passé, mais une chose est certaine, et tu le sais bien au fond de toi, tu connais les chiens : si Xavier ne les avait pas retenus, ton fils ne s'en serait sans doute pas tiré avec seulement un pantalon déchiré. Et puis, explique-moi aussi pourquoi il essayait d'empêcher le troupeau de passer ?

— Parce qu'il abîme les pins.

— Tu sais bien qu'on fait attention, et puis le droit de passage a toujours existé, c'est ton beau-père qui le disait. Quant à tes pins, je les trouve plutôt bien.

— C'est moi le patron maintenant…

Attirée par les vociférations, Jeanne Barricat s'interposa :

— Qu'est-ce que tu veux encore avec tes histoires, tu n'avais qu'à mieux l'élever, ton morveux…

Comme d'habitude, Soulan refusa la discussion avec sa tante et préféra rompre. Il se retira en marmonnant tandis que la vieille femme proférait les litanies de circonstance à son égard.

L'été se prolongea fort tard, empiétant même sur les premiers jours d'octobre. Personne ne s'inquiétait plus de la santé de Jeanne Barricat ; en tout cas, elle ne se plaignait de rien. Elle mourut subitement en cuisant le pain à la fournière le 26 octobre 1862.

Marie se trouvait seule avec les fillettes, on avait repris l'abattage des pins et Vincent était à Saint-Julien. Les coupes de bois cessaient deux fois dans l'année, d'avril à mai et d'août à octobre. Les arbres abattus durant cette période de montée de sève devenaient bleus et s'en trouvaient fortement dépréciés. Cela permettait à une partie des hommes de s'occuper des labours et des récoltes en toute tranquillité.

Marie envoya Maria chez Soulan, qui s'occupa une fois encore des formalités. Ce fut sa dernière bonne action en faveur des Darnère. Sa tante disparue, il allait mettre la pression, poussé par son fils qui ne cachait pas sa haine.

Vincent ne donnait pas trop de poids à ces brimades qu'il considérait comme des querelles de voisinage, un peu de jalousie, un peu de méchanceté et beaucoup de mauvaise foi.

Il fut alerté un jour par une nouvelle attaque. Sous prétexte que les vaches que gardait Maria avaient mis les pieds dans sa prairie alors que les foins étaient rentrés, il les chassa énergiquement, malgré les protestations de la petite, et les poussa dans le carré de seigle des Darnère, qui fut passablement piétiné par les bovidés affolés. Heureusement, les épis arrivaient au terme de leur mûrissement et Vincent moissonna immédiatement.

— Tu es content de toi ? dit-il à Soulan.

Celui-ci ne savait plus répondre sans s'emporter.

— Tes vaches n'ont rien à faire chez moi ; d'ailleurs, toi non plus tu n'es pas chez toi, je te chasserai d'ici…

Marie, à qui il rapporta ces propos, lui dit :

— Tu sais, je crois que maman avait raison, il a toujours voulu s'emparer de la propriété, sans compter qu'il est très jaloux de toi.

— Pourquoi veux-tu ? Il est riche, lui, regarde tout l'argent qu'il amasse en ce moment avec la résine.

— Ça lui monte à la tête, et, depuis que tu es ici, tu as fait autant que lui. Pourquoi maman se faisait du souci à cause de ça ? Qu'est-ce qu'il va nous arriver ?

— Mais il n'y a pas de souci à se faire, la propriété est enregistrée au cadastre à mon nom depuis 1849.

On n'en parla plus. Marie avait confiance en son époux. S'il ne s'inquiétait pas, pourquoi s'inquiéterait-elle ?

Pourtant, Soulan multiplia les attaques. Pour la tue de cochon qui suivit le décès de Jeanne Barricat, un poulain était né de la jument de Xavier, parce que c'était sa jument. Il était superbe et les voisins s'extasiaient sur le mérite et la réussite de Darnère. Une fois de plus, le maître de Châton vit rouge et lança :

— Oui, mais il n'est pas chez lui ici, ce n'est qu'un domestique, un métayer…

— Un domestique que tu ne peux pas domestiquer et qui te donne des leçons depuis vingt ans, lui rappela Bidaou.

— C'est dommage que la Jeanne ne soit plus là, elle te rabattrait ton caquet, renchérit Poursit.

Ce fut la dernière tue de cochon de Soulan chez les Darnère. Vincent dut abandonner la prairie et le jardin qu'il avait défrichés au bord du ruisseau, car il fallait traverser les terres de Soulan et il en avait bloqué les accès. Il conserva cependant le lavoir qu'il était le seul à entretenir, grâce à Simone qui était intervenue en faveur de Marie.

Vincent avait une autre prairie à la lande de Nicq, dans un bas-fond où les pins n'avaient pas poussé. Il s'en accommoda sans trop de préjudice.

Les voisins durent choisir entre la présence de Soulan et celle de Darnère. On ne pouvait plus à l'évidence réunir les deux hommes, et ce fut Soulan qui se trouva isolé, à part chez son métayer, qui lui n'avait pas le choix et s'en excusa auprès de Vincent.

Ce dernier espérait bien que le temps apaiserait la querelle et que l'âge adulte apporterait un peu plus de mesure au jeune Pierre Soulan qui, inexorablement, entraînait son père dans une escalade dont personne ne savait où elle pourrait mener. Vint le moment où l'on s'ignora avec un semblant de paix. Bien sûr, de temps à autre, une bonne âme excitait pour le plaisir l'une ou l'autre des parties. Soulan n'était guère aimé au village, et il faisait souvent l'objet d'invectives d'après vin qu'il n'appréciait point.

A l'auberge, la discussion portait souvent sur le domaine impérial de Solférino qui prétendait être un modèle sur la façon de moderniser et d'enrichir les Landes par l'agriculture, l'élevage et l'exploitation de la forêt. Il fallait pour cela assainir, tracer des routes, fumer les terres.

Le domaine avait été construit de toutes pièces, avec ses fermes, ses cottages. Pour stimuler les occupants qu'on avait rigoureusement sélectionnés, on procédait à des classements dans toutes les matières : la tenue des maisons, le plus beau champ de blé, le plus bel animal ;

tout y passait. Cela faisait rire toute la lande, où avoir de la sympathie pour l'empereur n'était pas très bien vu malgré l'intérêt tout particulier que semblait manifester Napoléon III pour ce pays.

On chahutait Soulan :

— Toi, avec ton château, tu serais peut-être le premier, mais avec tes cultures tu serais le dernier.

— Tu parles, ajoutait un autre, avec son argent, il achèterait bien une médaille.

Lorsqu'il faisait l'objet de ces railleries, Soulan ne s'attardait pas. Pourtant, l'auberge était aussi un endroit privilégié où l'on échangeait des idées, où l'on faisait des affaires, souvent après la messe ou pendant celle-ci, certains hommes préférant un petit verre de vin blanc au discours du curé.

Vincent Darnère n'avait que de rares fois mis les pieds à l'église, et moins encore à l'auberge. Maintenant plus que jamais, il se sentait bien chez lui, avec Marie et ses quatre enfants. Il considérait que la cellule familiale était un rempart qui protégeait des attaques de la société, un refuge dans lequel on pouvait mettre au repos le corps et l'esprit en toute tranquillité.

Tous ces événements avaient quelque peu occulté le vide laissé par la disparition de Jeanne Barricat, bien que, même pour Marie, la perte de sa mère ait été moins douloureuse que la perte de son fils.

Jean Saturnin n'aspirait qu'à une chose : quitter la ferme pour s'adonner uniquement au travail de la forge. Il n'aimait pas s'occuper de la terre et des bêtes. En attendant, il secondait son père qui ne le trouvait pas prêt à affronter la complexité du métier en pleine évolution avec l'avènement de machines de plus en plus compliquées. Xavier et Maria donnaient tout ce qu'ils pouvaient. Le garçon se débrouillait seul avec le troupeau, tandis que la fillette s'occupait des vaches avec son inséparable boîte à ouvrage. A dix ans, elle s'adonnait à la couture, à la broderie ou au tricot avec une incroyable dextérité, mettant à profit les notions qu'elle avait reçues de sa grand-mère et de sa mère. Elisabeth avait une forte propension à l'indépendance. Elle ne faisait rien sans que cela lui plaise, et encore le faisait-elle à sa manière, ou bien elle se débrouillait pour faire intervenir sa sœur à sa place.

Le printemps 1864 fut d'un calme rassurant à Châton. Il est vrai que Soulan comptait son argent. La barrique de gemme atteignait les trois cents francs, et notre homme empochait sans sourciller et sans rien faire deux cent cinquante francs.

Un après-midi de fin avril, alors que Vincent distribuait le fumier en petits tas sur le champ, un cabriolet se présenta chez les Darnère. La surprise était de taille : le curé en personne descendit de la voiture. Marie fit immédiatement prévenir son époux, qui prit son temps pour vider la charrette.

Que pouvait bien vouloir le curé ? Le prêtre qui les avait mariés était parti depuis longtemps, et celui-ci était en poste depuis cinq ou six ans. Vincent ne l'avait rencontré que pour les deuils de la famille. Il le trouva installé à la table, près de la cheminée, bavardant avec Marie. Visiblement, il n'avait pas encore décliné l'objet de sa visite.

— Bonjour, Darnère, ce que je vois ici dépasse ce que l'on m'avait rapporté, tu as une bien belle ferme et une maison superbe et bien entretenue.

Vincent se méfiait des compliments trop appuyés :

— Bonjour, Monsieur le curé, nous, vous savez, on travaille, c'est tout ce qu'on sait faire.

— Non, non, on n'arrive pas à ce résultat uniquement par le travail, je connais des gens qui peinent toute leur vie et qui n'obtiennent pas grand-chose. Mon idée, c'est que tu es un homme intelligent, et c'est un peu pour cela que je viens te voir.

Ces flatteries renforçaient la méfiance de Vincent qui fixait le prêtre d'un regard interrogateur.

— J'ai parlé avec la sœur qui a fait un peu de catéchisme à Maria et qui l'a trouvée très dégourdie, elle m'a dit que vous aviez une autre petite.

— Elisabeth, elle vient d'avoir cinq ans, dit Vincent.

En même temps, il sortit deux verres et une bouteille de bordeaux qu'il tenait de son beau-frère et qu'il économisait, mais le curé était une personnalité dans le village, et, même s'il ne partageait pas ses idées, il se devait de le recevoir correctement. Peut-être que le vin entraînerait le prêtre à abandonner ce langage qui vous endormait un homme plus rapidement qu'une berceuse n'endormait un enfant. Vincent préférait des propos plus directs.

— Justement, le comte d'Uza vient de faire construire une école pour les filles de ses ouvriers, mais, comme elles ne sont pas assez nombreuses, il nous a autorisés à prendre des jeunes filles de bonne famille.

Si le curé entendait par là obliger les Darnère à assister tous les dimanches à la messe pour que leur fille soit « de bonne famille », Vincent n'était pas prêt à faire cette concession.

— C'est-à-dire que nous avons beaucoup de travail...

— Allons, allons, Darnère, une fillette de cinq ans ne peut pas être d'une grande utilité. Elle sera beaucoup mieux à l'école, même si ça vous coûte un peu.

Le mot était lâché, il semblait bien à Vincent que la générosité gratuite n'avait pas cours.

— Et il faudra compter combien ?

— On ne sait pas encore, cela dépend du nombre d'enfants, mais l'enseignante sera rémunérée par Monsieur le comte.

— Ce que j'ai fait pour mes garçons, je le ferai pour Elisabeth, dommage pour Maria !

— Ne vous inquiétez pas, on fera ça au plus juste, je savais que je pouvais compter sur vous.

La discussion sur le sujet fut close et les deux hommes parlèrent un peu de tout, sauf de religion, en terminant leur verre.

— Alors, c'est d'accord, dit le curé en se levant, j'inscris la petite et je vous tiens au courant pour le montant des règlements.

— Il ne faudrait pas que ce soit trop élevé, s'inquiéta Marie.

— Ne t'en fais pas pour ça, la rassura Vincent, si c'est trop cher, personne n'enverra les enfants.

— C'est exactement ça, ajouta le curé. Au revoir, Darnère, je suis content de t'avoir rendu visite.

Vincent Darnère ne voyait plus guère son beau-frère Magnes, qui avait perdu la mairie au profit de Turpin dont il resta l'adjoint. Magnes pouvait ainsi se consacrer à ses multiples activités, la vente de l'essence de térébenthine, du brai, du bois scié, et à l'achat de ses pins. Mais il évitait Vincent pour une autre raison : il souffrait d'un mal qu'il cachait à son entourage et il craignait la perspicacité de son beau-frère. Il lui faisait dire simplement : « Après ce chantier, tu installes la machine sur celui-là », et le déménagement s'accomplissait sans qu'il ait besoin d'intervenir. Quelques rares fois, il venait saluer ses employés et n'oubliait pas de leur apporter quelques bouteilles de bon vin fort apprécié par ces travailleurs de force, parmi lesquels on rencontrait quelques Basques, impressionnants par leur gabarit et leurs prouesses physiques. Les hommes se lançaient des défis que les Landais, plus petits, mais plus rusés et plus habiles, n'esquivaient pas devant ces solides gaillards. Jean Aguinaga était l'exemple type. Il avoisinait les deux mètres et faisait preuve d'une force peu commune. Magnes l'avait engagé comme scieur de long dix ans auparavant, sa capacité d'adaptation et sa stature imposante l'avaient tout de suite amené à commander. C'était lui maintenant qui était le patron incontesté de la scierie forestière.

Vincent lui aussi avait ressenti fatigue et lassitude au cours de l'hiver. Sans être un homme usé, il dut se rendre à l'évidence qu'il avait cinquante ans. De plus en plus, Jean Saturnin le secondait efficacement, mais de plus en plus aussi le garçon manifestait le désir de quitter la ferme et la famille pour se perfectionner. Dès que les hommes rentraient d'une scierie ou de l'autre, c'était pour s'occuper du jardin, du champ, des bêtes, sans compter les innombrables outils que les paysans ou les gemmeurs apportaient à la forge. Si Jean Saturnin s'y mettait avec ardeur, Xavier s'en désintéressait complètement. Le garçon nourrissait une passion sans borne pour les chevaux.

Brusquement, le climat changea complètement à Châton, la guerre de Sécession venait de se terminer et le prix de la gemme avait chuté vertigineusement. De trois cents francs le printemps précédent, elle tomba à soixante francs la barrique. Le propriétaire ne touchait plus que trente francs. Soulan devenait fou, il s'en prenait à tout le monde. Il fallait que les gemmeurs travaillent plus pour rapporter davantage, disait-il.

En fait, on vivait un mauvais climat de fin de règne, comme cela arrive parfois. La mécanisation créait du chômage, le flot des mécontents augmentait chaque jour et l'empereur avait beau restituer au compte-gouttes les libertés qu'il avait ravies au peuple quinze ans plus tôt, c'était chacun pour soi dans une tension permanente qui ne demandait qu'à exploser.

Un jour que Soulan se sentait las après de nouvelles tirades contre lui, le cabaretier, qui était en même temps le premier magistrat du village, voulut lui décocher une flèche supplémentaire.

— Tu sais, lui dit-il, j'ai fait une découverte : tu payes les impôts pour la propriété de Darnère.

— Comment ça, il ne les paye pas ?

— Si, lui dit-il hilare, vous les payez tous les deux…

— Explique-moi.

Sans se rendre compte qu'il allait provoquer une catastrophe, le cabaretier continua :

— C'est simple, ton beau-père a fait enregistrer toutes les propriétés de son père sur la matrice cadastrale en 1849, et puis avec Darnère ils ont fait inscrire celles qui revenaient à Jeanne Barricat sans les soustraire de l'autre liste, ou bien le greffier était complètement ivre ou tellement bête qu'il n'a rien compris.

Soulan, lui, avait compris tout le parti qu'il pouvait tirer de cette confusion. Il se leva sans un mot et rentra chez lui.

C'était trop beau, il n'y croyait pas ; enfin, il tenait Darnère. Il discuta avec son fils, revint aux renseignements, consulta le cadastre, s'entretint avec le notaire du Vignacq, son village natal. Puis il eut un instant de doute.

Son épouse le suppliait d'oublier tout ça, mais son fils le harcelait, et ce fut lui qui l'entraîna à lancer la procédure.

La nouvelle que lui rapportait Marie ne plaisait guère à Vincent, ils étaient bien âgés tous les deux pour avoir un nouvel enfant. Il lui fut très difficile de la soulager dans son travail. Maria faisait de son mieux, elle avait tant de fois aidé sa grand-mère à fabriquer le pain qu'elle n'eut aucun mal à s'approprier cette tâche.

Vincent avait encore réduit le troupeau de moutons tellement il devenait difficile de trouver des pâturages pour les bêtes. On ensemençait en pin partout dans la lande, et il n'était pas question d'y mener les brebis, même si quelques bergers réfractaires n'hésitaient pas à mettre le feu pour obtenir des pâturages. Xavier pouvait donc s'occuper un peu plus de la ferme. Avec Jean Saturnin, ils étaient toujours par monts et par vaux, ensemble ou séparément. Maintenant, la scierie mobile était installée à Lit-et-Mixe et cela faisait de longs trajets. Ils partaient avec la jument et dormaient souvent une nuit sur le chantier. Au mois de janvier, il décida de demander à Magnes de faire confiance à Jean Saturnin au moins jusqu'à l'accouchement de Marie. Il ne pouvait la laisser seule avec ses filles, il la sentait fatiguée, elle allait avoir quarante-quatre ans et il estimait qu'il y avait eu suffisamment de drames.

Lorsqu'il se rendit à Saint-Julien, ce fut une autre épreuve qu'il rencontra. Antoine Magnes, les mains tremblantes, le visage défait, dictait d'une voix hésitante son courrier et ses factures à son fils Jean. Vincent resta sans voix et oublia sa requête.

— Ah, mon pauvre Vincent, je suis bien mal parti, c'est la fin pour moi. Jean sait qu'il peut compter sur toi comme tu peux compter sur lui, mais il est jeune, j'espère que tu le seconderas aussi bien que tu l'as fait pour moi.

Quelques jours plus tard, le 22 janvier 1866, Antoine Magnes s'éteignit, laissant sa famille et ses employés désemparés.

Trois semaines plus tard, le 15 février 1866, Zélie Darnère venait au monde à Châton. Pendant ce temps, la rumeur concernant la démarche de Soulan s'amplifiait. Pris par ses préoccupations, Vincent laissait faire. Il pensait que ce n'était qu'une provocation supplémentaire qui s'éteindrait peut-être d'elle-même. Soulan se faisait vieux, et, même si son jeune fils semblait être un véritable rapace, il restait son frère installé à Aureilhan et sur lequel Marie pouvait compter.

Tout se passa très vite : un jour, Vincent reçut un compte rendu de jugement lui signifiant qu'il n'était pas propriétaire, que ses terres avaient appartenu à Antoine Mesplède dont Jean Soulan était le seul héritier. Le document était ambigu et à tout autre que Vincent Darnère il aurait pu paraître suspect. Il lui aurait fallu des appuis qu'il n'avait plus, de l'argent pour faire rétablir la justice. Au lieu de cela, il courba un peu plus l'échine malgré les envies de meurtre qui l'effleuraient parfois... Marie était là, fidèle, aimante :

— Oublie tout ça, Vincent, ne pense qu'à nous.

— Et c'est toi qui me dis ça ? Toi qui es née ici ?

— Laisse donc tous ces vautours se repaître de leur argent, ils ne s'offriront pas le paradis avec.

— Et ça, ça n'était pas le paradis pour nous ? On s'est tué au travail pour que ce vaurien en profite...

— Qu'est-ce qu'on va faire ?

— Pas rester ici, en tout cas.

Sous la pression conjuguée de son épouse, de son fils aîné et de quelques rares personnes qui soutenaient les Darnère, Soulan avait fait savoir qu'il ne les chasserait pas de Châton.

Jean Magnes, le neveu de Vincent, lui proposa une ferme au quartier de Sardine à Saint-Julien. Il vendit le reste du troupeau, puis le poulain que Xavier pleura malgré ses seize ans. Il passa une bonne partie du mois d'octobre à transporter les récoltes, les outils, le bois à sa nouvelle demeure.

Le 1er novembre 1868, Vincent Darnère embarqua tout ce qui restait dans un dernier voyage. Jean Saturnin travaillait à la scierie, Xavier était parti devant avec les vaches et Tignous. Les trois filles étaient juchées sur la charrette, Zélie dans les bras de Maria.

Marie se glissa à l'arrière, où Paqui traînait, et là, à l'abri des regards de son époux et de ses enfants, elle pleura doucement.

Troisième partie

ELISABETH

La forêt naissante défilait sous les yeux d'Elisabeth. Un bosquet, une ferme, un airial la replongeaient systématiquement dans son enfance. Le brouillard n'était pas seulement présent là dehors, il l'était aussi dans sa tête, anesthésiée par un mélange de crainte et de curiosité qui l'avait envahie lorsqu'elle était montée dans le train pour la première fois de sa vie.

Son frère Xavier l'avait accompagnée jusqu'à la gare de Morcenx et avait tenté de la rassurer :

– Ne t'inquiète pas, ça marche très bien, ces machines-là, tu seras arrivée à Bordeaux avant que je sois rentré à la maison.

Bordeaux, c'était ça qui la fascinait et qui l'inquiétait à la fois. Elle n'en connaissait que ce que sa cousine Jeanne lui avait écrit dans deux ou trois lettres. Jeanne s'était mariée avec un homme de la ville. Alors, forcément, c'était une référence pour des jeunes filles n'ayant jamais quitté leurs champs.

Elisabeth frissonna et rajusta le châle dans la confection duquel Maria, sa sœur, avait mis tout son savoir pour qu'elle n'ait pas trop l'air d'une paysanne au milieu des femmes de la ville.

Bien qu'il ne fasse pas trop froid dans le compartiment, les quelques voyageurs qui s'y trouvaient avaient revêtu des vêtements chauds. Un moment, Elisabeth s'était sentie rougir lorsque les regards s'étaient posés sur elle. Cela se voyait-il tellement qu'elle n'était qu'une fille de la campagne, avec ses mains trop fortes et trop grandes d'avoir battu le linge des milliers de fois et d'avoir manié la fourche aussi bien que les hommes ? Elle s'était pourtant appliquée à revêtir ses habits du dimanche et s'était attachée à donner un soin particulier à son visage et à sa coiffure. Elisabeth se savait jolie, mais cela suffirait-il pour passer inaperçue en ville ? Depuis que Jean Saturnin avait quitté la famille, elle avait elle aussi rêvé un moment d'aller vivre en ville. Le destin l'y obligeait et elle se trouvait maintenant envahie par une grande appréhension, si bien qu'elle percevait les voix des hommes et des femmes autour d'elle comme un bourdonnement inaudible.

Si elle avait osé lever les yeux, elle se serait aperçue que l'homme qui se disait marchand la fixait intensément et tentait d'attirer son attention par un bavardage à la limite de la correction, en tirant des bouffées nauséabondes d'une pipe à demi calcinée. Lorsqu'il rencontra le regard vide d'Elisabeth, il se détourna et chercha des yeux une proie mieux disposée à écouter ses basses plaisanteries.

La jeune femme porta ses mains à sa poitrine, ses seins lourds et gorgés de lait lui faisaient un peu mal, elle avait hâte d'arriver à Bordeaux, de connaître ses employeurs, et surtout ce bébé qu'elle allait allaiter.

Elle avait été très surprise par la facilité avec laquelle, sur de simples renseignements donnés par sa cousine Jeanne, on l'avait engagée.

Elisabeth savait lire et écrire, mais pour plus de sécurité elle avait demandé à sa cousine Catherine Magnes de rédiger une lettre à cette famille qui désirait que son enfant soit nourri par une fille de la campagne, saine et robuste. La réponse ne s'était pas fait attendre, on préviendrait cette jeune personne dès la naissance de l'enfant, ou dès que celle-ci serait pressentie.

Le message était parvenu la veille : « Vous voudrez bien prendre vos dispositions pour gagner Bordeaux sans délai. Notre cocher vous attendra le jeudi 16 décembre au train de 17 h 30. Vous voudrez bien vous coiffer d'un foulard ou d'un linge blanc afin que celui-ci vous reconnaisse. »

Le châle d'Elisabeth était blanc, mais, pour mieux se conformer aux instructions, elle avait préparé un morceau de tissu qu'elle avait déposé au-dessus de ses affaires.

Depuis un moment déjà, les pins avaient cessé de dérouler leur rideau vert de chaque côté de la voie ferrée pour laisser la place à d'immenses étendues plongées dans un brouillard de plus en plus épais qui occultait l'horizon. Etaient-ce des cultures ? Des jardins ? Il en fallait bien pour nourrir cette grande ville.

Machinalement, Elisabeth chercha son carré de toile et le posa sur ses genoux, tandis que son cœur se mettait à battre un peu plus fort.

Enfin, le train ralentit et s'immobilisa dans un grand fracas sous des hangars immenses. D'un même mouvement, tout le monde s'était levé dans le compartiment. Au moment où la jeune femme se saisit de son maigre bagage, le gros marchand se fendit d'un large sourire.

— Je peux vous aider, mademoiselle ?

— Non merci, on m'attend.

Dépité, l'homme se ferma et alla se placer le premier devant la porte, ce qui arracha un sourire à Elisabeth qui se demandait comment il allait la franchir, de face ou de profil, tellement sa bedaine était impressionnante.

Au pied du wagon, la jeune femme prit le temps d'ajuster son signe de reconnaissance. Elle n'eut pas à attendre longtemps, un vieil homme bien habillé qui enleva poliment sa casquette lui demanda :

— Vous êtes Elisabeth Darnère ?

— Oui.

— Je dois vous accompagner chez les Brachet, je suis leur cocher.

Il s'empara du baluchon sans autre commentaire et l'entraîna vers la sortie, veillant à lui ouvrir un passage dans une foule que la jeune femme ne s'imaginait pas aussi dense.

Ils se retrouvèrent dehors, enfin à l'air libre, un air qui avait une odeur particulière et qui surprit Elisabeth.

L'homme l'entraîna au milieu d'une multitude d'attelages. Les chevaux étaient attachés au mur au moyen de multiples anneaux. Le cocher fit grimper la jeune femme dans une voiture, détacha le cheval docile qui patienta le temps que l'homme s'installe à son poste.

— Je m'appelle Jean. Ce n'est pas très loin, jugea-t-il bon d'ajouter lorsqu'il vit frissonner Elisabeth dont les vêtements étaient transpercés par le brouillard.

Pierre Brachet était un négociant en vins parmi les plus importants de la place de Bordeaux. Il habitait une superbe demeure qui donnait directement sur les quais où il disposait d'un entrepôt attenant. Il tenait tout cela de son père décédé dans la force de l'âge d'un accident banal lors d'un déchargement, un madrier mal arrimé avait glissé et il s'était retrouvé coincé sous une barrique de deux cent vingt-cinq litres de vin. Il était mort peu après son transport à l'hôpital Saint-André, avant même l'intervention des médecins. Quant à sa mère, fille de vignerons, la tête bien sur les épaules, elle ne comprenait pas très bien pourquoi sa bru, héritière d'un notable de la ville, refusait de nourrir son enfant. Aucun argument n'avait réussi à infléchir sa résistance, et c'est de pied ferme qu'elle attendait la nourrice de son petit-fils.

Il n'était pas 18 heures et la nuit tombait déjà sur les quais. Certains attelages avaient allumé leur lanterne. Jamais Elisabeth n'aurait imaginé qu'il puisse y avoir une telle circulation. L'agitation était telle que la jeune femme, malgré son désir d'observer tout ce qui l'entourait, ne distinguait que des silhouettes fuyantes et floues. L'attelage stoppa pour laisser passer d'autres cabriolets qui arrivaient en face et pénétra dans une cour encore plus sombre que la rue.

Elisabeth n'eut point le temps d'examiner les lieux, une femme que le cocher présenta comme son épouse s'avança, une lampe à la main.

— Ah, mademoiselle, venez par ici que je vous examine avant de rejoindre les appartements de Madame. Oh ! là là ! ma pauvre, comme vous êtes fagotée, et vous vous traînez en sabots en plus !

Madame mère, comme on l'appelait, jaillit dans le dos de la cuisinière gouvernante.

— Qu'est-ce que vous avez contre les sabots, Clémentine ? Moi aussi, j'en portais lorsque j'avais son âge.

La gouvernante avait reçu pour ordre de sa jeune maîtresse de ne point laisser entrer en contact l'arrivante avec sa belle-mère. Celle-ci qui avait probablement fait le guet derrière les rideaux enchaîna :

— Vous saurez, Clémentine, qu'à la campagne les gens sont propres et que l'air y est pur, ce sont ces trains qui vous empestent de leur fumée et qui vous salissent de leur suie. Quant à cette ville, elle sent le fumier et le purin bien plus que les étables de mon enfance. Cessez donc d'importuner cette jeune personne, faites-lui prendre un bain et donnez-lui des vêtements propres.

— C'est que Madame…

— Ma bru n'a rien à dire tant qu'elle refuse d'allaiter son fils. Allez, jeune fille, laissez vos bagages dans le vestibule, Jean emmènera tout ça chez le teinturier dès demain, je suis sûre que vos vêtements sont souillés de poussière, de fumée et de suie.

Tout ce qui pouvait ennuyer l'épouse de son fils était bon pour la vieille femme, mais ce dernier épisode, s'il avait complètement paralysé Elisabeth, avait également décontenancé Clémentine, constamment prise entre deux feux. Si elle n'avait été autant attachée à Monsieur Pierre, elle aurait rendu son tablier depuis longtemps. Tout le monde s'attendait à ce que Madame mère s'en prenne à la nourrice et voilà qu'elle effectuait le contraire.

— Vous logerez au rez-de-chaussée avec moi, et le petit vivra avec nous. Je ne veux pas qu'il se rompe le cou dans les escaliers.

— Mais Madame…

— Allez, allez, Clémentine, vous savez bien que Pierre me donnera raison. Pendant que vous y êtes, demandez donc à ma bru des chaussures d'intérieur pour cette brave fille, elles doivent avoir la même pointure.

Anne Brachet descendait l'escalier, rouge de colère ; Clémentine, le bébé dans les bras, semblait se cacher dans son dos.

— Qu'est-ce que j'apprends ? Vous avez décidé que mon fils vivrait ici en bas, alors que j'avais tout fait préparer en haut ?

— Mais ne te fâche pas, mon enfant, le petit occupera la chambre de son père ; quant à Elisabeth, elle prendra celle de mon pauvre mari puisqu'il y a une porte communicante. Clémentine, donnez-lui ces chaussures, je ne veux pas qu'elle prenne mal, et laissez-nous maintenant, dit-elle en s'emparant du bébé, nous allons faire manger ce petit homme. Vous descendrez ses affaires, Clémentine.

Voyant Anne indécise, elle insista :

— Allons, ma fille, vous savez bien que c'est la meilleure solution, vous ne supportez pas les pleurs, et puis pensez à votre propre mère qui ne peut plus monter chez vous.

Les repas se prenaient en commun dans la salle à manger du rez-de-chaussée. Madame mère exigeait que l'on attende son fils, qui était cependant d'une ponctualité rigoureuse.

— Si vous avez faim, Elisabeth, n'hésitez pas à aller à la cuisine, on vous servira ce que vous désirez. Toutefois, vous prendrez vos repas avec nous à 12 h 30 et à 20 h. Le matin, vous ferez selon votre goût. Je sais bien que le petit vous réveillera de bonne heure.

La jeune femme était surprise par tant de sollicitude, et elle le fut plus encore le soir, lors du repas, lorsque Madame mère poussa le plat dans sa direction.

— Tant qu'elle allaitera, ce sera Elisabeth qui se servira en premier, les meilleurs morceaux si elle le désire, je tiens à ce que mon petit-fils se nourrisse d'un bon lait.

Personne ne répliqua devant un tel argument, et ce fut Pierre qui tendit le plat avec un large sourire :

— Ma mère a raison.

Elisabeth dut ensuite insister pour s'occuper de l'enfant à plein temps.

— Je ne veux pas que tu te fatigues, déclara la grand-mère.

— Mais, Madame, que vais-je faire de mes journées ?

— Accordé, si tu t'ennuies, ce sera pire que tout, mais, si tu es lasse, il faudra le dire.

— Je vous promets Madame.

La nuit venue, la jeune femme eut du mal à s'endormir, pourtant elle n'avait jamais couché dans un lit aussi confortable, ni dans une chambre aussi luxueuse.

Toute la journée, elle avait été forte, mais dans la solitude de cette première nuit, loin des siens, à la pensée de son petit Jules qui était désormais privé de son sein, elle fondit en larmes. Cette année 1877 était maudite. C'était l'année de ses dix-huit ans et, au lieu de s'ouvrir à la vie, elle avait tout perdu.

On avait tué le cochon la veille chez les Dupont, et ce matin, à part quelques hommes qui avaient cassé la croûte chez Juglin, chacun s'occupait de ses bêtes et de sa volaille pour recommencer la fête l'après-midi.

On ne dérogeait pas à la tradition. Tous les ans aux alentours de carnaval, il se trouvait un voisin pour sacrifier le porc. On entamait ensuite une tournée du quartier, on allait de maison en maison ; même les plus récalcitrants recevaient, brièvement parfois, mais chacun faisait un effort.

Le plus souvent, on s'attardait là où il y avait du bon vin ou des filles. Chez les Darnère, il y avait les deux : d'abord, un vin blanc de sa propre récolte, que Vincent Darnère était le seul à ne pas avoir aigre, et puis les filles, Maria vingt-trois ans et Elisabeth bientôt dix-huit.

Des deux, c'était Elisabeth la plus jolie et la plus courtisée, mais elle savait ce qu'elle voulait, ou du moins le croyait-elle. Pas un garçon n'avait fait l'objet de la moindre attention de sa part.

Maria cuisait des merveilles dans un bain de graisse, tandis que sa sœur roulait la pâte et la découpait selon sa fantaisie, des carrés, des rectangles. Elle traça aussi deux silhouettes se tenant par la main.

— Qu'est-ce que c'est que ça ? lui dit Maria en haussant les épaules.

— Laisse donc, je le cuirai moi-même.

Elisabeth était nerveuse, impatiente. La veille au soir, elle avait fait la connaissance d'un jeune homme, camarade de François Dupont, et elle avait craqué, lui aussi d'ailleurs. Leurs yeux s'étaient parlé, leurs mains s'étaient attardées, leurs corps s'étaient frôlés... La jeune fille en frissonnait encore. Bernard était un joli garçon, un peu plus grand qu'elle. Ils avaient à peine échangé leur prénom, mais ne s'étaient pas quittés de la soirée. Il n'avait pas voulu d'autre cavalière, elle lui avait accordé toutes les danses.

— Tu seras là demain ? avait-elle demandé dans un souffle.

— Si tu m'invites, sans doute...

— Alors je t'invite, mais tu ne diras pas que c'est moi, ajouta-t-elle aussitôt, tu pourras toujours dire que c'est François.

François Dupont vivait ses derniers instants dans le cocon familial, il devait partir dans quelques jours accomplir ses obligations militaires.

Que le temps était long ! Les premiers voisins étaient arrivés vers 14 h 30. Les femmes bavardaient, tandis que les hommes jouaient au dix-sept ou à la manille tout en buvant du vin et en mangeant des merveilles. Le père Juglin avait posé son accordéon sur la commode avec mille précautions. On avait de la chance au quartier d'avoir un musicien, mais il n'était pas question qu'il commence à pianoter avant qu'il n'ait joué deux ou trois parties de cartes et bu autant de verres. Après quoi, il se déchaînait en ponctuant ses morceaux de quelques verres supplémentaires.

Elisabeth se tenait près de la cheminée qu'elle entretenait avec trop d'empressement, les yeux fixés sur la porte d'entrée.

Déjà quelques hommes étaient partis jouer leur partie de cartes ailleurs, loin de la cohue. La jeune fille cachait mal son impatience, lorsque, enfin, son regard croisa celui de Bernard dans l'ouverture de la porte. Le jeune homme prit son temps pour saluer tout le monde et, lorsqu'il parvint auprès d'Elisabeth, les invités quittaient la pièce, entraînés par le vieux musicien qui jouait sur le pas de la porte. Le jeune homme s'assura que tous les dos étaient tournés et déposa furtivement un baiser sur les lèvres de la jeune fille qui se sentit défaillir et se serra contre son compagnon pour s'en détacher aussi rapidement que si elle s'était brûlée. Une silhouette se profilait dans l'encadrement de la porte : c'était Maria.

— Ah, Elisabeth, tu éteins les lampes ou tu veux que je le fasse ?

— Non, non, je m'en occupe.

Cependant, Maria ne daigna quitter l'entrebâillement de la porte que lorsque le jeune homme la rejoignit. En un tournemain, les braises furent enfouies sous la cendre, les chandelles soufflées, le châle hâtivement jeté sur les épaules, la porte refermée. Le son de l'accordéon guidait la troupe dans la nuit naissante. Elisabeth traînait ses sabots sur le sol gelé. Elle enrageait. Bernard et Maria bavardaient devant elle. Le garçon se retourna et son regard désolé encouragea la jeune fille à se porter à ses côtés. D'autorité, il lui prit la main et, tant bien que mal, ils dissimulèrent leur complicité dans les replis de la robe.

La maison des Juglin n'était pas très éloignée, cinq ou six cents mètres, mais on n'en prenait pas le chemin. Encore une facétie du vieil accordéoniste qui entraînait sa cohorte chez Larrieu.

Avait-il eu un sixième sens ? Tout le monde était là, à contrecœur, mais, pour le plus grand plaisir des femmes, les joueurs durent céder la place aux danseurs. La table fut repoussée, les verres remplis. Le vin était moins bon que chez Darnère, mais personne n'y prêtait plus d'attention. Très vite une fois encore, les plus acharnés partirent à la recherche d'un endroit tranquille pour continuer leur partie, tandis que les plus jeunes se lançaient dans des danses effrénées.

Zélie, la jeune sœur de Maria et d'Elisabeth, qui, malgré ses onze ans, était aussi grande que les jeunes filles, mais mince comme un fil et sans aucune forme, s'en vint au milieu des danseurs.

— Dis, tu me prêtes ton cavalier ? demanda-t-elle à Elisabeth.

— Mais tu ne sais pas danser !

— Justement, il m'apprendra.

De mauvaise grâce, la jeune fille céda sa place. Bernard mit tout son cœur dans ce nouveau rôle et s'attarda plus que de raison, un peu parce que la fillette apprenait bien, un peu pour faire languir Elisabeth, perdue dans ses pensées au pied de la cheminée.

Le vieux Juglin, maître de cérémonie, s'amusait. Il sortit, entraînant les jeunes gens dans la nuit froide, puis, riant aux éclats, revint boire un verre dans la pièce chaude.

Bernard et Elisabeth se retrouvèrent isolés dans l'obscurité protectrice, leurs lèvres se scellèrent, leurs corps se blottirent l'un contre l'autre.

— C'est loin ? demanda le jeune homme.

— Non, pas tellement, c'est là-bas en contrebas.

La nuit étant sombre comme une nuit sans lune, le jeune homme se fia à sa compagne.

— Veux-tu que nous y allions ?

— Allons-y.

Leurs corps restèrent soudés, le chemin fut ponctué par des baisers de plus en plus passionnés.

Arrivés à destination, ils avaient envie de prolonger leur tête-à-tête et la grange des Juglin offrait un abri inespéré. C'est là que tout bascula, dans la fougue de leur jeunesse et le plaisir d'être ensemble. Bernard et Elisabeth firent l'amour, le plus naturellement du monde, avec toute la maladresse d'une première fois, mais avec une tendresse et une passion qui prolongèrent leur intimité fort tard dans la nuit.

Personne ne se rendit compte de leur départ, personne ne s'inquiéta de leur absence. Lorsqu'ils émergèrent de leur torpeur, la musique qui les avait bercés un moment s'était tue depuis longtemps, pas une lumière ne filtrait de la maison. Bernard s'inquiéta :

— Qu'est-ce qu'on va dire chez toi ?

— Ne t'en fais pas, la porte de derrière est toujours ouverte et ma chambre y est attenante. Elle est petite, mais j'y dors seule. Mes parents dorment devant, Maria et Zélie aussi.

Le jeune homme la raccompagna jusque chez elle et connut une frayeur lorsque le chien vint lui flairer les mollets alors qu'ils échangeaient un dernier baiser. Elisabeth flatta l'animal de la main, puis ils se quittèrent le cœur serré avec la promesse de se retrouver le plus vite possible.

La jeune fille eut du mal à s'endormir. Elle ne se posait pas la question de savoir si ce qu'ils avaient fait était bien ou mal, elle se sentait parfaitement sereine. Bernard lui appartenait comme elle lui appartenait, la communion de leurs corps avait été si spontanée que leur union s'était scellée là, ce soir, plus fortement que par un simple anneau au doigt ou avec la bénédiction du curé. Bien sûr, il faudrait l'accord des parents, mais rien ne pressait. Elle était d'autant plus certaine de l'obtenir que le jeune homme était instituteur, et cela représentait un avantage important.

Le vieux Baqué était malade et Bernard avait été appelé juste après Noël pour assurer l'enseignement, mais aussi le secrétariat de mairie. Il avait dix-neuf ans et venait à peine de terminer ses études.

Durant les semaines qui suivirent, les jeunes gens éprouvèrent quelques difficultés pour se rencontrer, les heures de liberté de chacun ne correspondaient pas toujours. A chaque fois, la passion les gagnait ; ils trouvaient refuge tantôt dans une bergerie, tantôt dans une grange à foin perdue dans la lande. Là leurs corps se déchaînaient à nouveau.

Pâques arrivait, les prairies verdissaient, les talus se paraient de fleurs, la vie était belle.

— Elisabeth, je vais passer quelques jours chez mes parents à Hinx pour Pâques, je vais leur parler de toi. A mon retour, il faudra qu'on envisage les choses sérieusement tous les deux.

La jeune fille n'avait rien à ajouter à cela, et c'est le cœur léger qu'elle laissa partir Bernard.

— Et c'est quoi, cette fille ? demanda la mère au jeune homme.

— Oh, tu verras, maman, elle est très belle et très gentille.

— Mais est-ce qu'elle est instruite ? Qu'est-ce qu'elle fait ?

— Elle fait des ménages, des lessives, parfois elle travaille dans les champs, mais c'est une fille intelligente, ça, je peux te l'assurer.

— En fait, elle n'a aucune situation, aucune dot et en plus elle est ignorante.

— Maman, je te dis qu'elle n'est point sotte, je lui apprendrai des choses. Moi-même, je suis loin de tout savoir, nous apprendrons ensemble.

— Et tu crois que tu vas pouvoir vivre avec ton salaire d'enseignant ? Et que vont dire les parents de tes élèves lorsqu'ils apprendront que l'épouse de l'instituteur est une femme de ménage ?

— Si je suis un bon enseignant, ils ne diront rien, et puis tout va changer bientôt, on parle d'école publique obligatoire, alors tous les enfants y viendront et les différences vont disparaître.

— Tu crois ça ? Et puis tu n'es pas majeur, cette fille non plus, tu as ton service militaire à accomplir…

— Tout cela, je le sais, je te parle simplement d'une fille attachante, avec laquelle j'envisage peut-être de faire ma vie. Rien n'est encore fait, je ne lui ai même pas demandé son avis.

— Je préfère cela.

Bernard aussi préférait clore la discussion plutôt que de braquer ses parents déjà déçus parce qu'il ne voulait pas devenir maquignon comme son père. Ce serait son beau-frère Charles qui prendrait la succession. Charles était beaucoup moins brillant et le père enrageait de voir l'intelligence de son fils servir une autre cause que celle de l'argent.

Bernard avait beaucoup apprécié ce stage de quelques mois qu'il espérait bien prolonger. L'éducation des enfants, c'était sa passion, et il comptait bien y consacrer sa vie.

Elisabeth lui manquait, il avait grande envie d'aller la retrouver. Il tuait le temps en se promenant dans les chemins argileux, visitant les métairies de son père. Lui, qui auparavant ne quittait ni ses livres ni sa chambre qui lui servait de bureau, ne pouvait pas rester en place.

Le dernier jour de ses vacances, un courrier lui parvint lui enjoignant de prendre un poste à Amou, le vieux Baqué ayant décidé de reprendre son poste à Saint-Julien alors que Bernard pensait qu'il ne serait pas remis avant l'été.

Le jeune homme était désemparé, il n'avait plus le temps de prévenir Elisabeth de vive voix. Alors, pressé par les circonstances, il entreprit de lui écrire :

Chère Elisabeth,

Tu me manques beaucoup et tu vas me manquer plus encore parce que je ne retourne pas à Saint-Julien. Je dois prendre un poste au fin fond de la Chalosse et demain, à l'heure où j'aurais pu te serrer dans mes bras, je serai complètement à l'opposé.

Si je représente quelque chose pour toi, je ne veux pas que tu t'inquiètes, je serai près de toi aux premiers jours de l'été, si tu le désires et si tu réponds très vite à ma question : veux-tu m'épouser ?

Je t'embrasse très fort et j'attendrai avec impatience le courrier que tu pourras m'envoyer à l'école d'Amou.

S'il te plaît, ne me fais pas trop languir. Je t'embrasse une fois encore.

Bernard

Après le repas du dimanche, le jeune instituteur prépara très vite son cheval et sa carriole, chargea ses lourdes cantines remplies de livres et de linge et embrassa ses parents.

— S'il te plaît, maman, je te confie cette lettre pour que tu la remettes au facteur dès demain. C'est important pour moi, tu me promets d'y penser ?

La mère du jeune homme promit et mit la lettre en évidence. Le lendemain, elle fut tentée de la lire, puis, sans le moindre regret, elle la jeta dans le feu.

Bernard crut devenir fou. Pourquoi Elisabeth ne répondait pas ? Il lui avait semblé pourtant qu'elle était attachée à lui ; même s'ils ne s'étaient rien promis, ses yeux, ses mains, son corps n'avaient pu lui mentir.

Au bout d'un mois, il demanda à sa mère si elle avait bien expédié sa lettre. Mais bien sûr, avait-elle répondu. Il ne restait plus au jeune homme qu'à envisager un refus. Il espéra tout de même jusqu'aux vacances. Il décida d'aller à Saint-Julien, mais, en passant chez lui déposer ses bagages, il renonça dans un dernier sursaut d'orgueil et s'abrutit dans le travail que ne manqua pas de lui fournir son père.

Connaissant la cause de ses tourments, sa mère n'eut aucun remords en lui répétant qu'aucune fille ne méritait qu'on se mette dans des états pareils.

A la rentrée d'automne, Bernard fut nommé à Dax. Là, au milieu de ses confrères et grâce à l'amour de son travail, il se remit peu à peu de cet amour pour la jeune fille qui lui avait causé une terrible déception.

Dans la journée, Elisabeth parvenait à garder la tête haute, mais dans la solitude de la nuit, lorsque les questions affluaient, elle pleurait à chaudes larmes. Que Bernard ne soit pas revenu, elle le comprenait puisque le vieil instituteur avait repris son poste, mais qu'il l'ait laissée sans nouvelles était incompréhensible. Rien ne justifiait une telle attitude. Elle s'était abandonnée corps et âme à celui qu'elle considérait comme son premier amour. S'était-il joué d'elle ? Elle ne se résolvait pas à le croire. Un accident ? Ses parents ? Mais pourquoi pas le moindre message ? Un peu avant le départ du jeune homme, elle savait que leur relation ne resterait pas sans lendemain, elle avait choisi d'attendre son retour et qu'il renouvelle sa promesse pour lui annoncer qu'elle était enceinte.

Maintenant, il lui fallait affronter sa mère et son père, qui, depuis qu'il avait perdu Châton, pouvait entrer dans des colères noires que seule Marie parvenait à calmer avec une patience infinie.

Seule la jeune fille pouvait apporter une solution à son problème. Au fil des nuits sans sommeil, elle parvint à mettre les choses en place. Il lui fallait l'aide et la complicité de Maria pour parvenir à ses fins.

Sa sœur fut donc mise au courant en premier.

— Maria, je suis enceinte et j'ai décidé de partir à Bordeaux pour gagner ma vie. Je ne sais pas encore si je partirai avant d'avoir l'enfant ou après, cela dépendra des parents…

— Mais tu vas te marier ? Qui est le père ?

— Le père ne sait rien, alors n'en parlons pas.

— Dis-moi qui c'est.

— Je n'ai pas envie de le dire, ni à toi ni à personne, tout est de ma faute, j'ai été bien trop naïve… Maria, reprit-elle, je sais qu'à la ville on demande des nourrices et qu'elles sont bien payées, c'est ce que je voudrais faire ; pourras-tu me garder le bébé ?

Depuis sa plus tendre enfance, Maria n'avait jamais rien su refuser à Elisabeth, mais, là, c'était autre chose.

— Et que vont dire les parents ?

— Si tu acceptes, les parents ne diront rien. Crois-moi, j'ai bien réfléchi, c'est la meilleure solution…

— Papa n'avait pas besoin de ça…

— Je sais bien que papa n'est plus le même depuis que nous avons quitté Châton. Nous avons tous changé d'ailleurs : à Châton on était chez nous, ici on est devenu des domestiques. Je n'avais pas envisagé de partir comme ça, mais, comme Jean Saturnin, j'ai toujours su que je ne resterais pas ici ; papa comprendra.

A soixante-deux ans, malgré une vie de travail bien remplie, Vincent Darnère s'acquittait sans faiblir des tâches qui lui incombaient. En plus de quelques animaux et d'un lopin de terre, il s'occupait du patrimoine de Catherine Magnes, sa nièce. La pauvre jeune femme avait perdu Jean, son époux, le fils de sa sœur Elisabeth Darnère et d'Antoine Magnes. A vingt-six ans, le jeune homme avait été emporté par le même mal qui avait frappé Antoine Darnère dix-huit ans plus tôt, comme il avait frappé à quelques jours d'intervalle le père et le fils Turpin. Ce dernier était le maire du village, preuve que cette maladie, le paludisme, ne faisait point la différence entre les classes et que les Landes étaient loin d'être une région salubre.

Vincent Darnère portait un lourd fardeau : la certitude d'avoir raté sa vie. Il ne comprenait toujours pas comment on avait pu lui ravir presque trente années de travail et d'énergie. Il vouait une haine farouche à tous ces petits propriétaires qui avaient construit leur fortune la plupart du temps en écrasant les autres. Il était devenu extrêmement méfiant et dur en affaires, tant pour lui que pour sa nièce. Grâce à son statut particulier, il conservait tous les revenus de la métairie. Il avait trois vaches, une jument, un potager dont il était toujours très fier, un peu de terre où il faisait pousser du seigle et du maïs, un bout de prairie et de la volaille qui permettait de ne jamais manquer de viande ni d'œufs. Tous les ans, on élevait aussi deux ou trois porcs dont un revenait à Catherine Magnes et à sa belle-mère. Bref, on s'arrangeait. Jean Saturnin travaillait à Léon chez Juston le forgeron à une trentaine de kilomètres, mais on ne le voyait plus, et, si Xavier pouvait donner un coup de main ponctuel, c'était tout de même Vincent qui assumait les tâches les plus lourdes.

Tout le monde allait au champ lorsque c'était nécessaire, mais Marie s'occupait plus particulièrement du pain et de la cuisine, Maria de la couture, Elisabeth de la lessive, Zélie gardait les vaches et commençait à aider celle qui voulait bien d'elle, le plus souvent sa mère ou Elisabeth. Elle avait quitté l'école un an auparavant et son passage était plutôt positif. De ses frères et sœurs, c'était elle qui savait le mieux lire et écrire. Son père en était fier, il savait déjà que, si Elisabeth manifestait l'intention de quitter la famille et le village, Zélie ferait la même chose. Trop petite lorsque la famille avait quitté Châton, elle était la seule à ne pas avoir été traumatisée par ce départ brutal.

Vincent connaissait bien ses filles. Maria, sous des apparences rudes, était trop fragile, Elisabeth trop impulsive et Zélie trop autoritaire. Il en riait parfois, lorsque l'une d'elles se trouvait sous les feux croisés de la famille, du moins ce qu'il en restait, les garçons étant partis. Un soir, il demanda à son épouse :

— Tu ne trouves pas qu'Elisabeth est bizarre, je lui trouve quelque chose de changé…

— Tu t'en es aperçu aussi. Peut-être qu'elle est amoureuse…

— Alors c'est un amour déçu, elle a perdu son insouciance, elle ne sourit plus…

— C'est peut-être l'âge…

— Je ne sais pas, tu devrais lui parler.

— Tu sais que c'est difficile avec elle.

— C'est pour cela que je te le demande.

— J'essaierai.

Marie n'eut pas besoin de le faire. Le dimanche à midi, profitant de la présence de Xavier, Elisabeth envoya Zélie surveiller les vaches. Celle-ci rechigna :

— Tu n'as qu'a y aller, toi.

Vincent comprit et intervint.

— Va, ta sœur a raison. Si elles rentrent dans la prairie de Bayle, ça va encore faire des histoires.

Zélie aussi soupçonnait qu'il se passait quelque chose dans cette famille et elle aurait bien voulu savoir. Elle se leva à contrecœur. Sa sœur lui toucha le bras dans un geste d'apaisement.

La jeune fille se demanda si elle allait être assez forte pour aller jusqu'au bout. Courageusement, elle fit front.

— Voilà, dit-elle, j'ai quelque chose d'important à vous dire. J'ai connu un garçon et je suis enceinte. Il ne le sait pas et je ne sais pas où il est. Alors j'ai décidé de partir travailler à Bordeaux. J'ai écrit à Jeanne pour qu'elle me trouve quelque chose. Je partirai le plus vite possible, ça vous évitera les commentaires des voisins. J'ai envisagé de devenir nourrice, c'est possible si Maria me garde le bébé.

Marie quitta sa chaise, elle craignait la réaction de Vincent. Heureusement, Xavier était là.

— Ne compte pas sur moi pour te féliciter. Mais tu vas quand même me dire qui est ce garçon ?

— A quoi cela servirait ? Je te l'ai dit, je ne sais pas où il est.

Marie intervint :

— Il y a peut-être des garçons qui te prendraient, même comme ça ; il y en a plus d'un qui te tourne autour.

La jeune fille se mit en colère :

— Ne me parle pas de garçons, ce sont tous des égoïstes qui ne pensent qu'à eux et se moquent du mal qu'ils peuvent faire. Le mieux, c'est que je parte.

Vincent intervint :

— Ne t'emballe pas, s'il te plaît, une bêtise suffit, ce n'est pas la peine d'en rajouter une autre dans la précipitation ? On va réfléchir à tout ça.

Zélie entra et remarqua les visages aux traits tirés, des larmes coulaient sur les joues de sa mère. Que se passait-il de si grave qu'on veuille lui cacher ? Forcément, il s'agissait d'Elisabeth, et là elle avait sa petite idée…

Xavier tenta de détendre l'atmosphère en s'adressant à son père :

— Bon, on va la faire, cette manille, papa ?

Pris par son travail de cocher, Xavier ne venait pas tous les dimanches, mais, chaque fois, il emmenait son père faire une partie de cartes et boire un verre ou deux de vin blanc à l'auberge.

— Non, il fait beau, je vais aller tailler la haie au fond du champ.

— Tu le feras demain, ça te changera les idées.

— Parce que tu crois qu'avec ce que l'on vient d'entendre on peut penser à autre chose...

Ce fut la seule remarque qu'il eut à l'encontre d'Elisabeth, il se sentait responsable de tous les malheurs qui touchaient ses proches. Puis les vieilles craintes qu'il avait connues lorsque Marie attendait ses enfants ressurgirent. Il préférait voir le bébé naître sous son toit que loin de la famille dans une ville hostile. Au diable les commérages !

Xavier avait fini par le convaincre. Assis près de lui dans la carriole, il demanda :

— Que penses-tu de tout ça ?

— Je crois qu'Elisabeth a raison. Si elle ne veut pas se marier, le mieux, c'est qu'elle parte. De plus, les nourrices sont très convoitées à Bordeaux et bien rémunérées.

— Mais pourquoi ne veut-elle pas dire qui est le père ?

— A mon avis, c'est une histoire d'amour, elle doit être très entichée, peut-être espère-t-elle encore.

— N'empêche que c'est un beau salaud...

— Va savoir, il y a tant d'éléments qui interviennent : l'argent, l'instruction, les parents...

— Et qu'est-ce qu'il lui manque, à ta sœur ?

— Je te l'ai dit, une situation, une belle dot...

Voilà que peut-être une nouvelle fois l'argent, ce maître cent fois maudit du progrès, se mettait en travers de sa route. Contre cela, il n'avait rien pu et il ne pourrait jamais rien. Il avait bien fait de ne pas s'emporter, sa fille avait davantage besoin de soutien que de reproches. Le soir, il confia sa décision à Marie :

— Je ne veux pas qu'Elisabeth parte sans être sûre d'avoir du travail. Quant au bébé, s'il le faut, nous le garderons ici, il sera bien mieux qu'à la ville, et je serai certain qu'il mangera tous les jours à sa faim.

La jeune femme se conforma aux désirs de ses parents. Lorsque, après quelques semaines, Jeanne donna l'adresse d'une famille à la recherche d'une nourrice, elle recopia avec application les mots que Catherine Magnes avait écrits pour elle. La réponse ne tarda pas, mais il fallait attendre le mois de décembre.

— Et alors, c'est très bien comme ça, trancha Vincent.

Les voisins jasèrent un peu en voyant le ventre d'Elisabeth s'arrondir chaque jour un peu plus, mais, devant le calme et la sérénité des Darnère, les réflexions s'estompèrent rapidement. La jeune fille fut surprise par l'attitude de son père qui lui interdisait les lourds travaux, sa mère lui confia :

— Il a toujours été comme ça avec moi lorsque je vous attendais, c'était même pire, et ça faisait beaucoup rire ta grand-mère.

Juste après les récoltes de l'automne, Elisabeth Darnère mit au monde un fils, Martin Paul Jules. Le vieux Martin Juglin fut le parrain de l'enfant, une occasion pour lui de boire un peu et de jouer de son instrument. Vincent n'avait pas souhaité d'autres invités, surtout après l'humiliation infligée par le curé : l'enfant n'avait pas de père, il n'avait pas droit à une marraine, telle était la loi de l'Eglise. Le son de l'accordéon rappelait à Elisabeth, fatiguée de ses couches, des moments difficiles à oublier. Elle avait espéré voir revenir Bernard à la rentrée d'octobre, mais le vieux Baqué était toujours là, plus solide que jamais.

Le rêve était terminé pour elle, il était grand temps de se réveiller.

Les premiers jours passèrent comme un charme. Elisabeth se demandait si elle ne rêvait pas tellement tout le monde était attentionné envers elle.

Le lendemain de son arrivée, Madame mère l'envoya avec Clémentine acheter des vêtements neufs. Une telle quantité à ses yeux qu'elle en eut le vertige. Sûr, elles allaient se faire réprimander à leur retour. C'est ce qui arriva, mais pas dans le sens qu'elle avait prévu.

— Mais, Clémentine ! Vous avez oublié la moitié des choses, je vous avais pourtant fait une liste...

Elisabeth crut bon d'avancer :

— J'ai mes affaires, Madame...

— Il n'est pas question que vous mettiez vos affaires, nous sommes à la ville ici et nous avons un rang à tenir. Vous retournerez dès demain compléter votre garde-robe.

Elisabeth s'exécuta et le résultat qu'elle put admirer dans la grande glace de sa chambre lui plaisait assez. Elle n'avait jamais porté d'aussi belles robes, qui de surcroît la mettaient en valeur.

Le bébé se portait à merveille et ne posait aucun problème à la jeune femme. Madame mère assurait une surveillance discrète mais sévère.

Pas de boutons, pas de vomissements, il se développait normalement, c'était parfait. Elisabeth avait du temps libre. Lorsque le bébé dormait, elle s'occupait de son linge, passait aux cuisines donner un coup de main à Clémentine avec qui elle s'était liée d'amitié.

Le dimanche, Madame mère l'engageait à sortir ; le matin, elle devait accompagner la vieille dame à l'église et, l'après-midi, elle avait quartier libre ; le bébé lui était retiré pour l'exposer comme une bête curieuse à la famille.

La jeune femme craignait de s'aventurer en ville, aussi n'allait-elle jamais bien loin. Et lorsqu'elle s'enhardissait à explorer une nouvelle rue, c'était avec la crainte de ne point retrouver son chemin.

Même si elle reportait son affection sur cet enfant, son petit lui manquait et elle écrivait souvent à ses sœurs, leur faisant mille recommandations.

Parfois elle pensait encore à Bernard avec le secret espoir d'apprendre quelque chose dans les rares lettres de Zélie. Parfois, malgré le peu d'éléments qu'elle avait sur lui, elle regrettait de ne pas lui avoir écrit, son orgueil lui avait interdit de faire les premiers pas et elle s'était donné bonne conscience en se répétant qu'elle ne l'intéressait pas, qu'il n'avait fait que se jouer d'elle.

Ici aussi, les garçons se retournaient sur son passage, ils étaient même plus entreprenants que chez elle. Pas question de leur donner le moindre encouragement. D'ailleurs, Elisabeth ne savait plus sourire. Même le premier salaire qu'elle reçut ne parvint pas à la dérider, et pourtant elle n'avait jamais eu autant d'argent entre ses mains. Cela suffirait à faire vivre la famille pendant au moins six mois. Une chose était certaine : son petit Jules ne manquerait de rien, pas plus que ses parents et ses sœurs.

Ses frères se débrouillaient, la dernière missive faisait d'ailleurs mention de Jean Saturnin. A trente-trois ans, il allait épouser, le 25 février 1878, Marie Juston, la fille du forgeron chez qui il travaillait à Léon.

Madame mère dispensait ses conseils :

— Ma petite Elisabeth, il ne faut pas entasser votre argent, gardez-en suffisamment certes, mais achetez-vous des bijoux, en or de préférence, ils conservent toujours leur valeur et, en cas de besoin, vous pouvez toujours les négocier.

La jeune femme n'eut pas ce loisir. A deux reprises, elle avait rencontré Jeanne, sa cousine, qui se plaignait de Notz, son mari. L'homme ne travaillait pas et, avec deux enfants, la pauvre femme ne s'en sortait pas. Elle vint la voir un dimanche après-midi. Elle était malade, son mari l'avait battue et elle n'avait pas le moindre centime pour nourrir ses petits. Brave fille, se sentant redevable, Elisabeth ponctionna son pécule. Grave erreur ! Notz renvoya son épouse, sous la menace, une nouvelle fois. Madame mère veillait :

— Ecoutez, ma petite dame, je connais votre situation. Malheureusement, vous n'avez aucun recours. D'autre part, je ne veux pas qu'Elisabeth continue à payer à boire à votre époux. Dites simplement à votre bon à rien qu'il se débrouille tout seul. Sinon, ce serait bien le hasard si, parmi mes relations, je ne trouve pas quelqu'un qui s'occupera de lui. Quant à vous, s'il continue, je ne saurais trop vous conseiller de partir avec vos enfants.

La jeune femme rentra chez elle en larmes, sachant ce qui l'attendait, et, malgré la correction qu'elle reçut, elle n'était pas encore décidée à partir, mais l'idée faisait son chemin. Notz cependant resta sur ses gardes et cessa d'importuner sa cousine.

Quelques mois passèrent, le printemps s'installa, le soleil chassant les brouillards et les fumées de l'hiver. Dimanche après dimanche, Elisabeth se familiarisait avec la ville ; sa promenade l'entraîna à arpenter la rue Sainte-Catherine, la foule s'y pressait et les innombrables boutiques présentaient pour elle un attrait nouveau.

Elle s'attardait plus particulièrement devant les vêtements, les bijoux. Elle s'était déjà laissé tenter par une magnifique paire de boucles d'oreilles qui lui avait coûté une petite fortune. Dans quelque temps, elle en achèterait de semblables pour Maria ; pour son père, ce serait une montre ; quant à sa mère et Zélie, elle devait encore y réfléchir.

Un dimanche de mai, elle fut interpellée devant une boutique qu'elle n'avait pas encore remarquée.

— Mademoiselle, on a déjà dû vous dire combien vous êtes belle, me permettez-vous de faire votre portrait ?

Elisabeth ne répondit pas et tenta d'accentuer le pas ; l'homme, un barbu grisonnant, la rattrapa par la manche :

— Je ne plaisante pas, mademoiselle, regardez ces images exposées dans la boutique, ce sont des photographies ; à mon avis, vous pourriez rivaliser avec ces jolies filles.

Tout ce qui ressortait de la magie effrayait quelque peu la jeune fille, et pour elle ceci était de la magie. Elle marqua cependant un instant d'hésitation que l'homme mit à profit pour la convaincre.

— Mais je n'ai pas d'argent…

— Cela n'a pas d'importance, je ne peux pas vous délivrer la photographie immédiatement, je vais simplement vous établir un reçu que vous me remettrez lors de votre prochaine visite.

La jeune fille restait immobile au milieu d'un attroupement qui augmentait de seconde en seconde, beaucoup parmi les badauds n'avaient jamais vu cela.

— Entrez, mademoiselle, n'ayez crainte, ce n'est pas dangereux.

Davantage poussée par la foule que de son propre gré, Elisabeth pénétra dans la boutique dont la porte resta ouverte. Des visages mi-curieux, mi-craintifs se collèrent à la vitre, mais personne ne franchit le seuil.

Le photographe installa la jeune femme dans un fauteuil de cuir, légèrement de profil, le regard tourné vers l'objectif. Il lui tendit un miroir et un peigne pour qu'elle rajuste sa coiffure. Son bras droit reposait sur l'accoudoir, sa main gauche sur ses genoux. Une blouse blanche émergeait à peine au cou et aux poignets d'une robe sombre, plissée au corsage et boutonnée sur le devant par une multitude de petits boutons noirs à demi sphériques.

— C'est très bien comme ça, ne bougez plus, surtout n'ayez pas peur, souriez et ne fermez pas les yeux.

Elisabeth ne ferma pas les yeux, mais ne sourit pas non plus. C'est ainsi qu'elle se découvrit fixée sur le papier le dimanche suivant. Malgré le superbe portrait que le photographe avait exposé, elle se contenta d'acquérir une petite copie qu'elle s'empressa d'envoyer à sa famille. Ainsi, dès qu'il en aurait la possibilité, son petit Jules saurait à quoi ressemblait sa maman.

Le bébé avait ramené un peu de vie dans la maison des Darnère, il était devenu le centre d'intérêt, tout le monde veillait sur lui. Sur les trois femmes, il s'en trouvait toujours une pour s'occuper de lui, lui donner le biberon, le changer ou simplement le prendre dans les bras, si bien que le garçon semblait très éveillé.

Les travaux des champs, les foins, les récoltes, réclamaient tous les bras disponibles. Souvent, les filles refusaient de laisser le petit seul à la maison comme cela se faisait : elles dénichèrent un berceau en osier et y ajustèrent des anses. Elles s'en allaient aux champs, au jardin ou au pré, tenant chacune une poignée. L'enfant, bercé par le balancement, gazouillait ou s'endormait selon son humeur. Marie veillait cependant à ce qu'il fût bien couvert, à l'ombre et pas trop exposé aux courants d'air.

Vincent était encore solide, il fallait le voir tenir la sarcleuse que tirait la jument avec une dextérité et une poigne de jeune homme. Zélie était chargée de guider l'attelage bien droit au milieu des rangs de maïs. Maria coupait l'herbe que n'atteignait pas la sarcleuse entre les pieds.

Marie venait les rejoindre vers les 8 heures lorsqu'elle s'était occupée des vaches, des cochons et de la volaille, qu'elle avait langé et fait manger le petit Jules, préparé un déjeuner copieux. Lorsque Vincent ne partait pas trop tôt, les filles la déchargeaient de ces corvées.

Avec la jument, l'opération ne durait tout au plus que trois matinées. Par contre, les femmes en avaient bien pour une dizaine de jours si le temps le permettait. Plus il faisait chaud, plus l'herbe indésirable, habilement coupée, avait des chances de se dessécher et de laisser une terre propre et ameublie dans laquelle le maïs pouvait planter ses secondes racines.

Marie déposait son panier au bout du champ, Vincent dételait la jument et l'attachait à un poirier, les filles s'asseyaient sur des morceaux de bois et se servaient une assiette de tourin bien chaud. Il fallait ensuite à Vincent et Zélie une tranche de jambon et un œuf pour satisfaire leur appétit. Maria et Marie se contentaient de grignoter un bout de pain.

Les journées étaient longues et pénibles, parfois Vincent regrettait de ne pas avoir un homme pour le seconder, un fils ou un gendre. Le sort avait emporté Antoine, le plus susceptible de tenir une ferme, Jean Saturnin menait sa vie et Xavier ne donnait que très rarement un coup de main tellement il était pris par son travail. Sa passion, c'était les chevaux ; il avait fait la guerre de 1870 dans la cavalerie et en avait ramené des souvenirs dont il riait encore.

Un jour, alors que sa compagnie était prise sous le feu des Prussiens installés sur une colline, il fut appelé par son sergent pour effectuer une reconnaissance avec lui. Il s'agissait de s'approcher au plus près de l'ennemi sans se faire repérer et de rapporter les informations recueillies au capitaine commandant la compagnie. Les deux hommes se préparèrent, éliminant tout ce qui pouvait briller ou cliqueter, et s'enfoncèrent dans la nuit. Le sergent se montrait nerveux alors que Xavier avançait dans cette forêt comme s'il l'avait toujours connue, utilisant les fourrés et les zones les plus sombres pour mieux la pénétrer, se fiant davantage à son odorat qu'à sa vue tellement la nuit était totale.

Ce fut son odorat qui le mit en alerte alors qu'ils étaient parvenus à mi-hauteur de la colline et pratiquement derrière celle-ci. Il laissa le sergent venir à ses côtés et lui demanda tout bas :

— Tu ne sens pas ?

— Quoi donc ?

— Des chevaux, il y a des chevaux dans le coin…

Le sergent était un bon soldat, mais il préférait savoir où se situait l'ennemi. Là, désemparé, il ne savait quelle décision prendre. Ce fut Xavier qui décida :

— Attends-moi…

Il mit pied à terre, fit à peine quelques pas et, juste en lisière d'une petite clairière, il perçut des chevaux. Combien ? Il ne distinguait point, il se demandait plutôt combien il y avait de sentinelles et où elles pouvaient bien se situer. Il se retrouva aux pieds des bêtes. Machinalement, il trancha les lanières avec un couteau toujours bien affûté, il en compta cinq juste à côté des mules ou des mulets, dont certains semblaient chargés de bâts. Il aurait dû commencer par là ; tant pis, il reviendrait. Sans plus de difficulté, il ramena les bêtes au sergent ébahi et, sans attendre, il retourna sur ses pas. Il s'apprêtait à répéter son opération lorsqu'un cri suivi d'un coup de feu lui fit prendre conscience du danger qu'il encourait.

C'était là le clou de son histoire : un Prussien s'était trouvé à plat ventre à deux pas de lui, le pantalon aux chevilles. Le fusil, dont le coup était parti tout seul, hors de portée, Xavier ne pouvait faire autre chose que de maîtriser l'homme déjà couché sur le sol, empêtré dans ses vêtements.

Tout autre que lui aurait usé du couteau qu'il tenait à la main. Il n'en fit rien, se contenta de menacer, geste qui paraissait déjà superflu, lia les bras avec des morceaux de lanières et le hissa à plat ventre sur un cheval. Pas le temps de le laisser se rajuster correctement. Il rassembla les bêtes qui se trouvaient à proximité et les entraîna à sa suite. Le sergent avait disparu avec le premier convoi. Soudain assailli par la peur, se demandant encore par quel miracle la sentinelle se trouvait seule et s'attendant à voir surgir une horde de Prussiens dans son dos, il fut tenté de prendre le galop. Il aurait fallu pour cela mieux arrimer son prisonnier.

Finalement, ce fut dans un état second, mais d'un pas qui paraissait tranquille, qu'il pénétra dans le camp déjà ameuté par le sergent. Ayant déguerpi lors du coup de feu, il avait déjà annoncé que son compagnon avait été abattu.

Xavier ne laissa à personne le soin de descendre son prisonnier. Il défit ses liens et l'engagea par des signes à se rajuster. Si la capture s'était avérée commode, il n'avait pas l'intention d'humilier l'homme.

Le capitaine avait immédiatement fait déployer ses hommes derrière la colline. Le lendemain, elle tombait.

Xavier Darnère reçut une médaille pour ce qu'il n'avait pas considéré comme un exploit. Une chance qu'au moment de son intervention la sentinelle s'était trouvée prise d'un besoin pressant, sinon elle ne se serait pas laissé surprendre aussi aisément.

En faisant le ménage, Zélie avait découvert la boîte contenant la médaille sur la cheminée :

— Qu'est-ce que c'est ça, maman ?

— Surtout ne touche pas ça, c'est à ton frère Xavier.

Ce dimanche soir, alors que tout le monde était fourbu d'avoir rentré le foin le plus vite possible à cause de l'orage qui menaçait, il avait fallu que Xavier raconte son histoire à sa jeune sœur.

Près d'un an s'était écoulé lorsque Elisabeth reçut une lettre : « Ton fils marche, il démolit tout et va nous rendre folles… »

Au lieu de la remplir de joie, ces quelques mots lui donnèrent le cafard. Madame mère, qui l'observait, l'interrogea :

— Qu'avez-vous, ma petite, une mauvaise nouvelle ?

— Mon fils marche…

— Eh bien, réjouissez-vous… Ah, il vous manque ?

La jeune femme se détourna pour cacher les larmes qui envahissaient ses joues.

— Elisabeth, regardez-moi, je pense qu'on peut vous libérer deux ou trois jours pour Noël.

La sérénité revint sur le visage d'Elisabeth. Dès lors, les jours lui parurent excessivement longs.

Le jour venu, dix fois elle contrôla le contenu de sa valise. Elle n'avait oublié personne. Xavier, prévenu, l'attendrait à la gare de Morcenx. Il y avait de grandes chances pour qu'elle ne fût pas sa seule passagère.

C'est dans le train que la jeune femme se rendit compte qu'elle avait pris de l'assurance, elle n'avait plus de crainte et pouvait garder la tête haute. Sa tenue vestimentaire pouvait rivaliser avec les plus belles, et il lui serait bien difficile de rechausser des sabots.

Xavier faillit ne pas la reconnaître.

— Mais c'est toi ? Dis donc, tu es plus jolie que jamais. J'ai deux ou trois personnes à ramener, mais j'ai prévu des couvertures. Si tu veux, tu restes avec moi, on pourra bavarder.

Elisabeth s'emmitoufla et prit place auprès de son frère. L'air était vif, mais seuls ses yeux et son nez offraient une prise au vent frais qui la grisait quelque peu.

— Comment ça va chez nous ?

— Je crois que ton petit les a rajeunis, ils sont tous devenus gâteux.

— Tu te moques là ?

— Non, je t'assure…

— Et toi, tu n'es toujours pas marié ?

— Je n'ai pas encore trouvé une fille aussi belle que toi… Ah, si tu n'étais pas ma sœur… A propos, Jean Saturnin va être papa au début de l'année, je crois.

— Allez, raconte-moi un peu la vie chez nous…

— Ecoute, si je te raconte tout maintenant, tu n'auras plus rien à découvrir. Toi plutôt, dis-moi comment ça se passe à Bordeaux.

Elle lui expliqua la ville, son travail, et aussi sa fierté de rapporter pour la première fois un peu d'argent à la maison.

— Mais tu es riche alors, plaisanta Xavier.

— J'aimerais l'être bien plus. Peut-être qu'un jour je pourrai acheter une maison à papa dans laquelle il finira ses jours.

C'était le rêve de toutes les nourrices, seules quelques-unes y parvenaient.

— Tu es bien bonne, Elisabeth, mais pense plutôt à toi.

— Oh, ne crains rien, j'y pense aussi, regarde les boucles que je me suis achetées ?

— C'est de la folie, non ?

— Pas du tout, Madame Brachet prétend au contraire que c'est de l'argent bien placé qui ne perd pas de sa valeur, surtout quand c'est de l'or.

— Ah bon, tu es devenue savante aussi ?

Xavier dut s'arrêter à Mézos déposer les clients à l'hôtel et les installer. Elisabeth se réchauffa à la cuisine avec un bouillon chaud, mais elle ne restait pas en place, ils arriveraient trop tard, son petit serait couché.

Le jeune homme avait pris le temps d'équiper une petite carriole avec un nouveau cheval qu'il mit au trot pour démontrer à sa sœur qu'il était conscient du temps qu'il lui avait fait perdre.

La table était mise et tout le monde attendait, Vincent dans son coin de cheminée attitré, Maria dans le coin opposé qui cousait en utilisant la lumière du foyer. Marie surveillait le repas et Zélie berçait le petit Jules, contrarié d'être resté éveillé si longtemps et qui venait juste de s'endormir.

Malgré les effusions et la distribution des cadeaux qu'elle avait rapportés à chacun, Elisabeth ne se sentait pas à l'aise. Peu habitués à recevoir des présents, à part Zélie, tous étaient quelque peu gênés. Xavier avait cru bon d'ajouter :

— C'est un bon travail, nourrice.

Mais il n'y avait pas que cela : son petit, son petit Jules refusait de rester dans ses bras. Elle aurait dû savoir pourtant, Pierre préférait bien sa présence à celle de sa mère. Bien sûr, ça n'était pas pareil, Jules aurait dû lui sourire et gazouiller. Non, il avait pleuré et tendu les bras vers Zélie et Maria.

Elle passa une mauvaise nuit. Le lendemain, elle rendit visite à sa tante et à sa cousine Catherine qui vivaient ensemble. Si dans sa famille elle avait senti de la retenue, là elle perçut carrément qu'elle faisait de l'ombre avec sa tenue de ville.

La jeune femme dut se rendre à l'évidence : elle avait perdu sa place parmi les siens ; il ne lui restait plus qu'à se rendre au village, vérifier si son idée était exacte. C'est à peine si on la reconnut, et encore devait-elle décliner son identité pour rafraîchir la mémoire de ses interlocuteurs. L'accueil s'avérait froid, on n'était pas chaleureux avec les filles-mères…

Non, rien, rien qui pût la réconforter, pas même ce vieux Baqué qui faisait toujours la classe. En un an, Elisabeth était devenue une étrangère.

— Pas seulement, lui dit sa mère, tu es aussi devenue une dame.

— C'est vrai, renchérit Zélie, tu me feras essayer tes robes ?

On ne pouvait rien refuser à Zélie et les deux sœurs jouèrent comme des gamines, heureusement d'ailleurs. Sans Zélie, ces quelques heures n'auraient été que de mauvais souvenirs. Jules jouait un peu, mais refusait toujours les bras de sa mère.

— Laissez-le vivre un peu, ce garçon, vous êtes sans cesse après lui, répétait Vincent.

Le temps passa très vite, et vint le jour du départ. Elisabeth glissa une liasse de billets dans la poche de sa mère qui protesta :

— Mais c'est trop ! Et toi ?

— Ne t'inquiète pas, maman, j'ai ce qu'il me faut, c'est pour le petit et pour le mal que vous vous donnez pour l'élever.

Le plus pénible fut la séparation avec son fils qu'elle n'était toujours pas parvenue à apprivoiser et qui se désintéressait d'elle. Malgré ses pleurs, elle le serra très fort et l'embrassa longuement, puis, sans autre effusion, elle grimpa dans la carriole. Xavier, après avoir déposé ses bagages, l'attendait, assis sur le siège, prêt à démarrer.

Ce court séjour à Saint-Julien lui laissait un goût amer. Elle ne s'était pas retrouvée dans sa propre famille ; certes, il y avait eu la complicité de Zélie, un peu de sollicitude de la part de Maria, qui semblait la considérer comme une petite chose fragile, mais sa mère avait paru sur la réserve ; quant à son père, il était devenu distant.

Secrètement, Elisabeth avait pensé pouvoir réintégrer sa famille à tout moment. Cela ne lui semblait plus possible. D'autre part, elle avait espéré retrouver Bernard, oh ! sans illusions, mais enfin…

Son voyage fut rempli de ces noires pensées. Heureusement, à l'arrivée à Bordeaux, une bonne nouvelle l'attendait. Madame jeune était à nouveau enceinte et elle serait la nourrice de ce nouvel enfant.

Plus de trois années s'étaient écoulées au service des Brachet, trois années de profit pour Elisabeth qui s'était quelque peu enivrée dans ce luxe dont elle avait pleinement profité. Trois années aussi de quasi-insouciance durant lesquelles Madame mère était pleine d'attention, Monsieur Pierre la traitait comme une dame, les enfants, petit Pierre et Amélie, la considéraient comme leur maman, tandis que Madame jeune ne s'intéressait qu'à des frivolités.

— Ah, Elisabeth, lui dit-elle un jour, j'ai une amie qui cherche une cuisinière, je sais que vous êtes très capable, et, comme nous n'allons plus avoir besoin de vous, je vous ai recommandée.

Ce n'était pas possible, le ciel lui tombait sur la tête. La jeune femme savait bien qu'un jour elle quitterait la place, mais elle espérait que ce fût le plus tard possible, lorsque les enfants iraient à l'école. C'était du moins ce que lui avait laissé entendre Madame mère, mais celle-ci, malade, taraudée par la peur de mourir, avait laissé sa bru agir à sa guise.

Marguerite et Louis Camiale étaient un jeune couple de la bourgeoisie bordelaise, Louis travaillait comme secrétaire adjoint à la ville de Bordeaux. Marguerite était bien l'amie de Madame Brachet, tout aussi frivole. Seule différence : elle ne voulait pas d'enfant, elle les détestait.

Elisabeth se rendit bien vite compte qu'elle avait mangé son pain blanc.

Sa jeune maîtresse se plaignait toujours : ou c'était trop salé, ou pas assez, ou trop cuit, ou trop sucré… Pendant ce temps, Louis faisait les yeux doux à la jeune femme, lui faisant comprendre qu'il trouvait tout à son goût, y compris elle-même. Elisabeth, hélas, n'avait pas le choix. Pour reprendre son travail de nourrice, il lui aurait fallu un autre enfant, et pour l'instant elle y avait renoncé.

Elle aurait bien aimé retourner à Saint-Julien, elle savait que, si elle les encourageait, deux ou trois jeunes gens seraient décidés à l'épouser. Cependant, elle ne se sentait plus capable de traire les vaches, de faner, de couper le seigle ou de sortir le fumier des étables, voire de ramasser la gemme. Oh, pour donner un coup de main ponctuel, cela ne l'effrayait pas, mais à longueur d'année, à longueur de vie, elle ne s'en sentait pas capable, et c'était tout ce que ces garçons auraient pu lui offrir.

Son rêve d'acheter une maison ou de la faire construire pour ses parents s'éloignait un peu plus chaque jour. Certes, elle ne touchait pas à ses économies, mais elle percevait désormais un petit salaire qui lui permettait à peine de se vêtir. Marguerite Camiale exigeait, à cause de ses relations, une tenue irréprochable.

Elisabeth évoluait entre les reproches incessants de sa patronne et les roucoulades de plus en plus pressantes de son mari, si bien qu'elle finit par craquer. Au cours du printemps 1881, elle demanda à sa maîtresse :

— Je ne suis pas très bien, Madame, je me sens lasse. Est-ce que vous me permettez d'aller quelques jours dans ma famille ?

— Vous n'y pensez pas, Elisabeth ! Qu'est-ce que je vais faire sans vous ? Non, non, il n'en est pas question.

La jeune femme avait prévu la réponse et était prête à rendre son tablier. Elle était prête à tout d'ailleurs, sauf à rester un jour de plus. Louis Camiale intervint :

— Allons, ma chérie, sois raisonnable. Tu vois bien que cette jeune fille a besoin de repos, tu lui reproches de ne rien faire de bien… Je suis sûr qu'elle nous reviendra en pleine forme, n'est-ce pas, Elisabeth ?

— Sans aucun doute, Monsieur.

— Prenez votre temps et revenez-nous en bon état.

— Je vous remercie Monsieur, je partirai dès demain matin.

Elisabeth ne savait pas si elle reviendrait, aussi prépara-t-elle la quasi-totalité de ses bagages, ne laissant que des affaires de seconde importance. Elle y passa une bonne partie de la nuit. Malgré cela, le sommeil ne vint pas. Elle devait emporter quelques cadeaux, surtout à son petit Jules qui était très éveillé et qui parlait couramment, au dire de Zélie dans sa dernière lettre, Zélie qui n'omettait jamais d'ajouter, en guise de post-scriptum : « Quand m'emmènes-tu avec toi à Bordeaux ? »

Marguerite Camiale se levait tard. Elisabeth en profita pour descendre ses bagages de bonne heure. Elle rencontra Louis qui se préparait à partir au travail et lui servit le petit déjeuner comme d'ordinaire.

En lui disant au revoir, celui-ci tenta de l'embrasser, elle ne se laissa point faire, mais eut quand même droit aux lamentations de Monsieur.

— Pardonnez-moi, Elisabeth, je deviens fou. Sous prétexte qu'elle ne veut pas d'enfants, mon épouse se refuse souvent à moi, et vous, vous êtes là, belle, gentille, à supporter les caprices de Marguerite.

Elisabeth ne répondit pas, elle savait que sa patronne avait des amants, tout comme Louis avait des maîtresses, et que chacun s'accommodait fort bien de la passivité de l'autre. La jeune femme attendit patiemment dans la rue qu'un fiacre passe à proximité et se fit amener à la gare.

Elle avait quelques heures devant elle. Elle laissa donc ses bagages dans une auberge et repartit flâner en ville. Il faisait beau, elle se sentait bien. Depuis longtemps, elle n'avait pu sortir ; là elle visitait les boutiques, effectuant de menus achats pour la famille.

Elle n'avait pas prévenu son frère, serait-il à la gare pour attendre des voyageurs ? Cela ne l'inquiétait pas trop, elle trouverait bien une occasion, il y avait un grand trafic entre la gare et les villages voisins.

Les jours avaient bien allongé, et le soleil qui avait brillé toute la journée était encore haut dans le ciel lorsque le train s'arrêta en gare de Morcenx.

— Qu'est-ce que tu fais là, Elisabeth ?

C'était la voix familière de Xavier qui l'interpellait. Ils s'embrassèrent.

— Je rentre pour quelques jours, tu peux me ramener ?

— Bien sûr, mais tu n'auras droit qu'à une petite place auprès de moi, la cabine est pleine.

— Mais il fait bon, ça ira très bien.

Il fallut une petite demi-heure pour charger les bagages et rassembler les passagers, dont seulement un couple se rendait à l'hôtel pour lequel le jeune homme travaillait. Transporter d'autres personnes était une façon de rendre service, mais aussi de rentabiliser le voyage.

Xavier connaissait tout le monde, aussi bien les autres cochers que les employés de la gare, de même que les muletiers qui venaient en convoi, chargés de pièces de bois sciées ou de rondins bruts que l'on appelait poteaux et qui servaient dans les mines à charbon pour étayer les tunnels.

C'était la fin de la journée, et ce fut une longue caravane qui s'élança sur la route caillouteuse parsemée d'ornières qui menait vers Onesse, Mézos, Saint-Julien ou Mimizan.

— Tu as quelque chose qui ne va pas ? demanda Xavier, surpris par le silence de sa sœur.

— Oh, c'est difficile à dire, c'est vrai que je n'ai pas une très bonne place et je me pose la question : est-ce que je reste chez nous ou est-ce que je repars à Bordeaux ? J'ai besoin de réfléchir, d'autant que si je veux redevenir nourrice il me faut un autre enfant.

— Surtout ne parle pas de ça, ce n'est pas le moment...

— Ah bon, et pourquoi ?

— Maria est enceinte, elle fait comme toi, elle ne veut pas dire qui est le père et elle ne veut pas se marier non plus. Papa est entré dans une colère noire. Personne ne l'a jamais vu comme ça, il s'en est même pris à Zélie et à moi.

— Et qu'est-ce qu'il a à te reprocher, à toi ?

— De ne pas l'avoir écouté : au lieu d'être un domestique, j'aurais pu au moins le seconder. Mais son rêve, lorsqu'on a quitté Châton, c'était que je devienne maquignon, il me trouvait des dispositions.

— Quelle drôle d'idée ! Je te trouve bien comme ça.

— Moi aussi, je vois des gens, je parle avec eux, ça m'ouvre des horizons...

— Tu as toujours été un rêveur, toi.

— Peut-être pas autant que tu crois ; ma seule vrai connaissance, ce sont les chevaux, alors ? Ai-je vraiment le choix ?

— A propos, je t'ai rapporté un petit cadeau.

Elisabeth sortit un paquet du sac qu'elle avait gardé près d'elle.

— Donne-moi les rênes et regarde.

Xavier retira du paquet un petit cheval sculpté dans le bois massif et le contempla dans tous les sens.

— Il est superbe, il ressemble à celui que j'avais à l'armée, mais il ne fallait pas, je suis certain que tu t'es ruinée pour chacun d'entre nous.

Il embrassa sa sœur et reprit la conduite de l'attelage.

— Tu ne vas pas faire comme maman, prétendre que l'argent est fait pour être économisé. En ville, ce que tu n'achètes pas à trois francs aujourd'hui, demain tu l'as à trois francs cinquante, et, si tu attends trop, tu ne peux plus l'acheter ; le principal est d'avoir du travail.

— Et si tu es malade ?

— C'est une chose à laquelle je ne veux pas penser et que je n'ai pas envisagée. Si ce n'est pas grave, tu t'en tires, sinon…

Tandis que le soleil descendait rapidement à l'horizon et qu'il dardait ses rayons fatigués à hauteur des yeux des voyageurs, chacun replongea dans ses pensées.

Comme d'habitude, à Mézos, Xavier prit le cabriolet. Les chemins étaient si difficiles qu'il évitait de les parcourir avec la grosse voiture. Cela lui permettait aussi de prendre son temps et de dîner dans sa famille. Ce soir, il y avait de fortes chances pour que cela se termine en tête à tête avec Elisabeth puisqu'il était tard et qu'ils n'étaient pas attendus.

Lorsqu'ils pénétrèrent dans la pièce, chacun s'affairait à ses occupations : Vincent égrenait du maïs pour la volaille, Maria cousait en face de lui, la tête baissée, Marie rangeait la cuisine, tandis que Zélie balayait avec application. Le silence était complet dans la pénombre, même le feu semblait éviter de crépiter. La tension était telle que les arrivants la perçurent aussitôt. Y avait-il eu à nouveau discussion ?

Parfois Vincent imposait le silence simplement par son mutisme. Personne n'osait vraiment lui demander ce qui n'allait pas, et Marie savait que cela durerait jusqu'à ce qu'il ait trouvé une solution au problème qui le préoccupait.

En fait, après sa vive colère, il était quelque peu assommé par l'aveu de Maria. Il ne savait pas si le destin s'acharnait sur sa famille ou si quelque part il avait fait une erreur dans l'éducation de ses enfants. Certes, une fille avec un bâtard, c'était difficile à gérer dans une société disposée à se gargariser du malheur des autres. Mais deux !

Vincent savait que ses deux filles étaient différentes, et, si pour Elisabeth il lui semblait que cela résultait d'un choix délibéré, le cas de Maria lui laissait un goût amer. Il était certain que sa fille s'était fait avoir et il n'aimait pas du tout cette situation.

Curieusement, l'arrivée impromptue d'Elisabeth tomba à point pour faire diversion. C'était peut-être le déclic que chacun attendait pour retrouver une attitude normale.

— Vous n'avez pas mangé ? Tu restes aussi, Xavier ? s'enquit Marie.

— Bien sûr que je reste, pour une fois que nous sommes presque tous réunis. Allez, Zélie, donne des verres.

En même temps, il sortit une bouteille de bordeaux dont son père raffolait sous les yeux contrariés de sa jeune sœur qui n'aimait pas qu'il lui donne des ordres. D'un commun accord, les femmes décidèrent de ne pas réveiller Jules, qui venait de s'endormir et qui risquait d'être grognon si on le dérangeait dans son sommeil. Forte de sa dernière expérience, qui datait de plus de deux ans, Elisabeth se contenta d'admirer son fils à la lumière d'une bougie sans faire de bruit. C'était un petit garçon maintenant, et elle espérait qu'il aurait un autre comportement que celui qu'il avait lorsqu'il était bébé.

La jeune femme dut répondre aux questions : pourquoi était-elle venue et combien de temps restait-elle ?

Vincent, qui avait un moment craint le pire, fut satisfait des réponses et, le vin aidant, retrouva un semblant de sourire. Il était fort tard lorsque Xavier décida qu'il était temps de partir.

— Cela ne vous fait rien si je laisse mon petit cheval de bois sur la commode, je ne saurais où le mettre dans ma chambre. Tu y feras attention, Zélie…

Zélie virevoltait dans une robe neuve, des coupons de différents tissus encombraient la table auprès de Maria, une lampe à pétrole en porcelaine décorée tentait d'inonder la pièce de sa flamme. Vincent s'était vu attribuer une paire de chaussures et il se demandait s'il pourrait marcher avec ça aux pieds. Marie, elle, une chaînette en or à son cou, hochait la tête dans son coin, gênée par cette débauche de cadeaux. Tout l'argent que représentait cet étalage ! Etait-ce bien raisonnable ?

Zélie insista pour dormir avec sa sœur. Curieuse, elle voulait tout savoir, tout connaître de la ville. Elle en fut pour ses frais. Elisabeth, fatiguée, s'endormit comme une masse.

Ce fut son petit bonhomme que sa sœur avait glissé dans le lit qui la réveilla alors que tout le monde était déjà au travail et que le jour était levé depuis longtemps. Elle le serra très fort contre elle.

— Aïe ! tu me fais mal ! Zélie m'a dit que tu étais ma maman, je ne t'ai jamais vue.

— Mais si, mon petit Jules, tu étais tout bébé et tu ne te rappelles pas.

Toute la matinée, Elisabeth resta à s'occuper de son enfant, mais elle constata bien vite que celui-ci s'ennuyait et qu'il avait hâte de reprendre ses occupations habituelles. Alors elle se laissa entraîner au-dehors, il lui expliquait tout comme si elle ne connaissait rien. A l'évidence, son fils n'avait rien à envier aux enfants de la ville. Elle le trouvait très évolué pour son âge, ce qui, pensa-t-elle, était somme toute normal pour le fils d'un instituteur. Les vieux souvenirs revinrent au galop, drainant quelques larmes mal contenues sur les joues de la jeune femme.

— Tu pleures ?

— C'est parce que je suis contente d'être avec toi, tu m'as manqué, tu sais…

— Oui, mais, si tu restes longtemps, je ne vais pas pouvoir m'occuper de toi, il faut que je travaille.

— Je t'aiderai si tu veux bien…

— Alors, c'est d'accord.

La besogne ne manquait pas à cette période de l'année : il fallait épandre le fumier, labourer la terre, semer les pommes de terre, le seigle, le maïs, sans oublier les légumes du potager. Elisabeth enfila une vieille robe, chaussa des sabots avec lesquels elle se tordait les pieds à chaque pas et suivit son père aux champs.

A soixante-six ans, Vincent assurait toujours sa part de travail avec des gestes certes lents, mais réguliers et efficaces. L'organisation du quartier voulait que ce soit lui qui dispose le fumier en petits tas sur le champ. Une équipe l'épendait ensuite à la fourche, le laboureur venait enfin avec un attelage de mules qui tirait la lourde charrue. Pendant longtemps, c'était Vincent qui avait assuré cette tâche. Maintenant, c'était Jean Larrieu, en raison de sa jeunesse, mais aussi de ses capacités.

Une première semaine passa sans qu'Elisabeth y prît garde, le soir elle était harassée et n'avait qu'une idée : se coucher.

Le petit Jules vivait au milieu des adultes. Même s'il ne prêtait pas plus d'attention à sa mère qu'aux autres personnes, la jeune femme s'émerveillait de sa vivacité. Zélie lui parlait en français, davantage pour ne pas en perdre la pratique que pour qu'il ne soit pas en retard à l'école. L'adolescente espérait toujours que sa sœur lui trouverait un emploi en ville. Jules, que sa mère reprenait également, faisait d'énormes progrès.

La deuxième semaine fut consacrée aux semis. Etait-ce moins pénible, ou le corps de la jeune femme s'était-il habitué à l'exercice ? Elisabeth ressentit beaucoup moins les courbatures et son esprit se remit à fonctionner. Avant de prendre une décision, il lui fallait parler avec son père, mais celui-ci semblait se dérober, si bien qu'elle se trouva toute surprise lorsqu'elle constata qu'ils étaient seuls tous les deux à refaire les bordures des champs abîmés par les labours.

Elle ne savait plus par où commencer. Vincent, peu loquace comme à son habitude, s'activait le dos courbé. Elle se décida enfin alors qu'ils s'étaient relevés tous deux pour souffler un peu.

— J'ai appris pour Maria. Elle ne m'a rien dit, mais je connais son état.

Le vieil homme ne répondit pas, elle continua :

— Il y a peut-être une solution pour elle, je peux lui trouver une place de nourrice à Bordeaux, et moi je garderai son enfant ici, comme elle a gardé le mien.

— Ma pauvre fille, c'est bien de vouloir se donner bonne conscience, mais tu n'y penses pas ; ta sœur, ce n'est pas toi. Jamais elle ne se fera à la vie de la ville, comme toi tu n'es pas faite pour la vie à la campagne. Tu crois que je ne t'ai pas observée depuis quinze jours ? Malgré tes efforts, tu n'arrives pas à te donner des allures de paysanne. Tu as vu tes robes ? Même ma sœur et sa bru, malgré leur argent, ne portent pas les mêmes. Et puis, tu ne sais plus marcher dans tes sabots ni parler comme nous, tu es toujours en train de te laver comme si tout était sale autour de toi... Non, tout ça est de ma faute, je n'ai pas su préparer votre avenir, c'est tout.

— Ecoute, papa, tu ne vas pas me refaire le coup de Châton, tu n'es pas le seul à en avoir souffert ; j'étais petite, je revois ta colère, mais aussi les larmes de maman qui essayait de se cacher à l'arrière de la charrette. Ce qui arrive à Maria est tout à fait différent. Et c'est peut-être de ma faute à moi parce qu'un imbécile a pensé que les filles Darnère étaient des filles légères. Eh bien, tu leur expliqueras, à tous ces intelligents qui t'entourent, que je n'ai connu qu'un seul homme jusqu'à présent, le père de Jules, mais que j'en connaîtrai d'autres parce que toi, mon père, tu ne me laisses pas le choix.

— Qu'est-ce que tu racontes là ? Il te suffit de lever le petit doigt pour trouver un mari.

— Trouves-en donc un à Maria.

— Maria est aussi têtue que toi...

— Je vais repartir à Bordeaux dans quelques jours, je vous laisserai mes économies, pour vous, pour Maria et les petits. Promets-moi une chose, veille sur Zélie. Dès qu'elle aura dix-huit ans, je l'emmènerai avec moi, je crois que c'est ce qu'elle veut.

— Je le crois aussi, mais rassure-toi, elle a du caractère et les garçons qu'elle rencontrera n'ont pas fini de languir.

Le père et la fille se retrouvèrent dans les bras l'un de l'autre pour la première fois de leur vie.

— Papa, si je veux continuer à vous aider, il me faudra d'autres enfants.

— Je sais, je me tue à l'expliquer à ta mère, je crois que Maria le sait aussi, et c'est pour cela qu'elle ne prendra pas un homme. Vous me rendez la vie bien difficile, mes filles, rien ne m'aura été épargné. Antoine Magnes avait raison quand il me disait : « Darnère, tu as trop travaillé dans ta vie et pas assez réfléchi. »

— Je voulais te dire pour Jules, papa, j'étais amoureuse de son père et je crois qu'il m'aimait aussi.

Au bord des larmes, chacun s'acharna un peu plus sur cette terre mi-argileuse, mi-sablonneuse, à la fois fertile et capricieuse.

Elisabeth resta deux semaines supplémentaires, en dépit d'une lettre lui enjoignant de reprendre son travail au plus vite sous peine de le perdre. Même si cela arrivait, elle n'aurait aucune peine à trouver une autre place. Sa mère la pressait :

— Et comment tu vas faire si tu perds ton travail ?

— Ne t'inquiète pas, maman, cette femme est infernale. Avant que j'entre à son service, aucune employée ne restait plus de quinze jours dans cette maison.

Son père la laissait agir à sa guise, il avait compris qu'elle était à un tournant de sa vie et il se gardait bien d'intervenir.

Le maïs sortait de terre, les pommes de terre entamaient leur floraison, un veau était né, puis deux couvées de poussins au duvet jaune avaient vu le jour. La vie poursuivait son cours, Elisabeth avait l'impression d'être la seule immobile au bord du chemin, incapable de reprendre le flux de la vie. Son petit Jules, en découvrant tout cela, faisait partager son émerveillement, tantôt à Zélie, tantôt à sa mère, en proie à un déchirement indécis entre les sabots et les souliers, les robes sombres des champs et les tenues impeccables de la ville.

Ce fut presque machinalement qu'elle prépara ses valises un soir où Xavier était passé annoncer que le lendemain il se rendait à la gare de Morcenx.

— Tu peux m'emmener ? s'était-elle entendue dire, regrettant presque aussitôt ses paroles.

— Si tu veux…

Elle pleura une bonne partie de la nuit. Même si elle n'avait pas fait tout ce qu'il fallait pour reprendre sa place au milieu de ces gens qui se débattaient pour survivre, elle savait qu'à leurs yeux elle n'était plus des leurs et qu'elle ne le serait plus jamais. Etait-ce de l'envie ? de la méfiance ? Etait-ce tout simplement du rejet qu'elle lisait dans les regards ? Elle tentait de se persuader qu'il valait mieux partir, mais n'en était pas si sûre.

Le plus pénible fut de quitter son petit garçon. Elle s'était habituée à lui et il commençait tout juste à accepter cette maman qui lui était tombée du ciel.

Heureusement, Xavier pressa tout le monde. En route, il évita longtemps de parler et détourna la tête lorsqu'il aperçut des larmes couler sur les joues de sa sœur. Le jeune homme ne savait trop comment engager la conversation sans se montrer maladroit. Il le fut quand même :

— Tu serais bien restée, non ?

— Je ne sais pas, c'est ça le plus fort. En même temps, j'ai l'impression de ne plus avoir ma place, et je me dis que je fais bien de partir.

— Tu sais, Elisabeth, tu as beaucoup changé, je dirais plutôt évolué, tu as pris cent ans d'avance sur les gens d'ici et ça les effraie. On n'a pas le droit de bouleverser leur manière de vivre, ils perdent leurs repères. Maman vit comme sa mère et Maria vivra comme maman.

— Tu as peut-être raison, j'ai pourtant essayé de faire comme eux, j'ai chaussé les sabots, manié la fourche...

— Tes efforts n'ont pas suffi... Non, Elisabeth, je ne crois pas moi non plus que tu puisses vivre comme eux. Tu as goûté à une autre façon d'exister et tu ne peux plus t'en passer, sinon tu aurais épousé un de ces garçons de chez nous qui, malgré la crainte que tu leur inspires, n'auraient pas été peu fiers de réussir à te fixer à leur côté. Je ne sais pas quelles sont tes intentions, mais je te souhaite du courage et de la réussite.

Xavier était sincère. Mis à part Jean Saturnin qui menait une vie paisible grâce à son travail du côté de Vieux-Boucau, Elisabeth était avec Zélie la seule à pouvoir se soustraire à cette vie monotone. Quant à lui, il n'avait pas d'ambition pour lui-même, la seule étant peut-être de vivre une vie tranquille, à l'abri des soubresauts et hors des intempéries ou des épidémies qui étaient le lot quotidien des paysans.

Le train entra en gare de Bordeaux, laissant sur le quai une Elisabeth la tête encore bourdonnante de toutes ces pensées qui l'assaillaient en même temps. Un sursaut de lucidité l'empêcha de se rendre directement chez les Camiale. Elle n'avait aucune envie d'affronter Marguerite en tête à tête et choisit d'attendre l'heure à laquelle Louis avait l'habitude de rentrer.

Jamais Marguerite Camiale ne s'était montrée ni aussi méchante ni aussi odieuse. Il était vrai que l'attitude impassible d'Elisabeth, les bagages à ses pieds, ses yeux noirs plantés dans le regard de Marguerite n'incitaient pas à l'indulgence. L'affrontement se déroula finalement entre les deux époux.

— Allons, ma chère, vous savez bien que vous ne pouvez pas vous passer d'Elisabeth, vous me l'avez assez répété durant ces longues semaines.

— Elle n'avait pas le droit d'en faire à sa guise.

— Elle a fait ce qu'elle avait besoin de faire. Regardez comme elle nous revient en pleine santé. Allez, Elisabeth, préparez vite le repas, j'ai hâte de manger à mon goût et à ma faim.

Puis il empoigna les bagages de la jeune femme, obligeant son épouse à s'écarter pour lui laisser le passage et entraînant Elisabeth qui ne put s'empêcher de narguer sa patronne d'un sourire provocateur. Marguerite faillit s'étrangler, mais elle saurait bien faire payer son insolence à la jeune femme hors de la présence de son mari.

Ce qu'elle ne savait pas, c'est qu'Elisabeth avait décidé de rendre coup pour coup. Elle était même disposée à aller très loin s'il le fallait. D'une part, Marguerite n'avait aucune raison de la harceler comme elle le faisait et, d'autre part, si cela persistait, elle était certaine de trouver du travail rapidement.

Chaque jour, cela devenait plus infernal, les seuls moments de répit qu'avait la jeune femme étaient les après-midi pendant les sorties de Marguerite et le soir lorsque Louis rentrait. Cette heure fluctuait en fonction des liaisons qu'il entretenait. Même s'il se lamentait sur sa surcharge de travail, Elisabeth n'était pas dupe.

Cependant, il avait repris sa cour auprès d'Elisabeth, puis, étonné par son attitude encourageante, il s'était mis à rentrer tôt dans l'espoir de trouver la jeune femme seule et cela arrivait de temps en temps. Curieusement, il bavardait tranquillement avec elle dans la cuisine ou dans la lingerie, sans l'agresser, comme il avait tenté de le faire avant son départ pour la campagne. Elisabeth se détendait, souriante, décidée à céder cette fois-ci aux avances de Louis. Elle voulait un enfant pour reprendre son travail de nourrice, et, comme elle avait un homme jeune et séduisant sous la main, elle n'allait pas s'en priver, d'autant que Marguerite méritait bien une leçon. Si elle ne s'était pas montrée aussi calculatrice, peut-être qu'Elisabeth aurait pu tomber amoureuse de Louis. Lui, en tout cas, était sous le charme. Il la trouvait belle avec son visage hâlé par son séjour à la campagne. Il en avait assez de ces filles à la peau trop blanche. Une tendre complicité s'installa entre eux, Louis raconta sa vie. Son mariage avait été arrangé et il se plaignait de son épouse qui ne voulait pas d'enfant.

Elisabeth, à qui Marguerite comptait la monnaie, n'eut plus de problème pour faire les courses, Louis laissait toujours à sa portée un peu d'argent.

Un matin, Jeanne, sa cousine, se présenta dans un état second, la chevelure ébouriffée, le visage tuméfié, les vêtements sales et déchirés.

— J'ai réussi à m'échapper, mais je n'ai pas pu emmener les enfants. Si mon mari me retrouve, il va me tuer…

— Mais non, il ne te trouvera pas, tu vas faire une bonne toilette, je vais te prêter des vêtements et après on avisera.

— Qu'est-ce que c'est ? intervint Marguerite. Vous faites comme chez vous, Elisabeth ?

— Dans ma chambre, Madame, j'estime que je suis chez moi, et ma cousine est en difficulté, alors je vais l'aider, que vous m'y autorisiez ou non. Qu'est-ce qu'on vous apprend donc à l'église ?

Devant la détermination de la jeune femme, Marguerite, malgré de hauts cris, battit en retraite. Jeanne se reposa une bonne partie de la matinée, Elisabeth venait la voir entre deux occupations, lui apportant un bouillon chaud.

— Jeanne, tu ne peux plus retourner chez toi, tu vas rentrer à Saint-Julien, il y a d'ailleurs longtemps qu'on te le dit.

— Mais comment je vais faire ? Je n'ai pas d'argent. Et mes enfants ?

— Tes enfants, on verra plus tard, tu m'as dit toi-même qu'il n'y touchait pas.

Notz, s'il battait sa femme, craignait son père par-dessus tout, et les enfants représentaient tout l'espoir qui restait au vieil homme, son ivrogne de fils ayant gâché toutes ses espérances.

— Pour l'argent, je vais t'arranger ça. Je n'en ai pas assez pour le train, mais je vais me débrouiller.

Jeanne, au bout du rouleau, ne fit aucune objection et se laissa diriger. Alors qu'Elisabeth prenait l'argent qu'il lui manquait dans la réserve laissée par Louis, Marguerite intervint :

— Espèce de voleuse, vous n'allez pas me dire que cet argent est pour les courses, vous les avez faites ce matin…

— Mais je ne vous le dis pas, Madame, c'est pour que ma cousine Jeanne prenne le train. Monsieur le retiendra sur mon salaire, je n'avais nullement l'intention de le dissimuler.

— Je vais prévenir la police si vous ne le posez pas immédiatement.

— Monsieur a laissé cet argent pour que je l'utilise à ma guise lorsque j'en ai besoin, à condition de lui rendre compte, et je lui rendrai compte.

— Je lui dirai que vous êtes une voleuse, je vais vous dénoncer et vous renvoyer.

— Regardez ces billets, Madame, il y a de quoi payer deux voyages. Alors n'insistez pas, sinon je pars avec ma cousine et je passe au bureau de Monsieur lui donner des explications.

Elle était loin, la petite Elisabeth qui pendant longtemps avait subi les humeurs de sa patronne. Une fois de plus, Marguerite décrocha. Décidément, elle n'était pas la maîtresse ici, on réglerait tout ça ce soir. Jeanne était effrayée de tout ce qu'elle avait entendu.

— Tu vas avoir des ennuis à cause de moi, tu risques de perdre ta place.

— Ne t'inquiète pas, tout va s'arranger avec Monsieur. Tu vas mettre une de mes robes, enfiler ces chaussures, tu prendras ce châle aussi. Dès que Madame aura pris son repas, je t'emmènerai à la gare.

Les deux cousines mangèrent une assiette de soupe à la cuisine, puis Elisabeth desservit la table de Madame dans le silence le plus complet et, sans demander l'autorisation, elle héla un cocher et accompagna Jeanne à la gare.

— Si Xavier n'est pas à Morcenx, tu trouveras sans doute un muletier pour te conduire à Saint-Julien.

Comme si elle avait craint que sa cousine change d'avis, Elisabeth attendit que le train démarre, puis s'en retourna soulagée.

Par chance, Marguerite devait participer à une de ces réunions durant lesquelles elle trouvait toujours un galant pour tuer les après-midi d'ennui. Elisabeth en profita pour faire le ménage à fond et préparer le repas du soir. Lorsqu'elle eut terminé, elle jeta un regard satisfait sur son travail, récupéra le journal de la veille, s'installa dans le fauteuil de Monsieur et lut quelques articles, surtout les faits divers. Ne connaissant rien à la politique et à l'économie, elle jetait un regard rapide sur les titres. Elle avait beaucoup progressé pour la lecture, elle découvrait des mots inconnus et tentait d'en connaître le sens. Cela la fatiguait bien plus que la cuisine ou le ménage, si bien qu'elle s'endormit là, dans un fauteuil confortable au milieu de cet appartement silencieux.

Un souffle sur son visage, un frôlement sur son front la réveillèrent en sursaut. Louis Camiale était là devant elle, surpris par le bond qu'elle fit pour se lever.

— Pardonne-moi, Elisabeth, je n'ai pas pu résister.

— C'est moi qui vous demande pardon, Monsieur, j'ai eu une journée difficile et je me suis disputée avec Madame.

— Encore ! Et qu'est-ce qu'elle a trouvé à te reprocher cette fois ?

— Ma cousine Jeanne est arrivée ce matin dans un triste état, j'ai réussi à la persuader de rentrer au village. Comme je n'avais pas assez d'argent, j'ai pris dans la réserve de Monsieur en disant à Madame que vous le retiendriez sur mon salaire. Enfin, je ne l'ai pas dit très gentiment, elle m'a traitée de voleuse et veut me renvoyer…

— J'espère que tu ne l'as pas crue, je vais m'occuper de ça tout à l'heure, quand elle rentrera… Tu sais que tu es bien jolie quand tu dors ?

— Monsieur ne m'en veut pas ?

— Mais non, Elisabeth, et puis appelle-moi Louis lorsque nous sommes seuls.

— Je ne pourrais jamais, je vais réchauffer le repas.

— Attends ! Reste un peu avec moi à bavarder.

— Trop tard. Madame descend juste de voiture.

Elisabeth se réfugia tranquillement dans la cuisine et se trouva suffisamment d'occupations pour n'en pas bouger. Vers 20 heures, c'était l'heure du dîner et il fallait bien se décider. Elle ouvrit la porte, tendit l'oreille, tout semblait calme, elle se hasarda :

— Est-ce que je peux servir le repas ?

— Quand vous voulez, Elisabeth.

En servant le potage à Marguerite toute raide sur son siège, elle risqua :

— Je m'excuse pour aujourd'hui ; Madame, j'aurais dû vous demander la permission.

— Louis semble vous faire toute confiance, j'espère que vous la méritez.

— Voyons, Marguerite, nous nous sommes expliqués là-dessus, il est inutile d'y revenir.

L'explication semblait mince aux yeux de la jeune femme, Louis devait posséder de sérieux arguments pour tenir son épouse comme il la tenait.

Depuis ce jour, le climat se détendit quelque peu. Marguerite se montra moins agressive, Elisabeth un peu moins rigide, Louis encore plus souriant.

Plus les beaux jours approchaient et plus Marguerite Camiale s'épanouissait. Elisabeth connut la raison de cette métamorphose un matin de juillet, de la bouche même de sa patronne.

— Ah, Elisabeth, je vais bientôt m'absenter pendant quelques jours, il faudra que vous alliez ouvrir l'appartement de mon amie Madame Bourgau et soigner ses chats, son employée nous accompagne à Arcachon. Vous irez la voir un après-midi, elle vous dira quelle sera exactement votre tâche.

Quelques Bordelais, parmi les plus aisés, trouvaient qu'il était chic d'aller passer une semaine ou deux au bord de la mer, et le chemin de fer permettait un accès direct au bassin d'Arcachon. C'est là que quelques pionniers jetèrent leur dévolu.

Les Bourgau avaient acheté une des rares petites maisons de pêcheur construites en bois qu'ils se promettaient d'embellir. Un domestique avait déjà été dépêché pour retirer les dizaines de mètres cubes de sable que le vent avait entassé durant l'hiver, tandis que l'épouse d'un pêcheur s'activait pour redonner un semblant de propreté à l'intérieur de la bâtisse laissée à l'abandon. On y accédait par un chemin sablonneux renforcé par quelques gravats, de la brande et des genêts. Quelques pins étaient parvenus à pousser tout autour, réfectoires des écureuils le matin au lever du jour, puis observatoires des cigales qui donnaient l'alerte dès les premières chaleurs par leur chant lancinant et ininterrompu. En léger contrebas, le bassin dans lequel se mêlaient l'eau de mer et l'eau douce apportée par la Leyre. Entre les deux, une plage de sable gris-jaune où les enfants venaient jouer et s'ébattre.

Et Monsieur ? Est-ce que Monsieur accompagnerait Madame ? Elisabeth évitait de se poser la question. Neuf chances sur dix pour que Louis Camiale reste à Bordeaux. Il attendait par ailleurs une promotion et ne voudrait pas gâcher cette opportunité. Il ne voyait pas davantage l'intérêt à s'en aller vivre comme chez les sauvages sans confort. Marguerite allait vite déchanter. Après tout, elle faisait ce qu'elle voulait.

C'était son argent qu'elle allait gaspiller. Le jeune homme vivait allégrement des rentes de sa femme. Avec son salaire et ce qu'il arrivait à grappiller de-ci de-là, il s'était constitué un petit pécule qu'il avait joliment fait fructifier en jouant de bons coups à la bourse. Bien conseillé, il avait évité avec bonheur les affaires à scandale qui avaient ruiné quelques boursicoteurs mal inspirés.

La semaine avant le départ de Marguerite fut terrible pour Elisabeth. Vingt fois, elle fit et défit les deux grosses malles pleines à ras bord de linge inutile. Vingt fois, elle assura à Madame qu'elle irait bien chaque jour chez les Bourgau, qu'elle s'occuperait des chats et qu'elle tiendrait la maison aussi bien que celle-ci. Cent fois, elle écouta les recommandations de Madame et les répéta pour prouver qu'elle les avait bien comprises. Plutôt que d'entendre cette avalanche de conseils, Louis traînait au-dehors et rentrait tard, ce qui laissa supposer à Elisabeth qu'il avait sans doute une nouvelle liaison.

Enfin, le matin du 16 juillet, la jeune femme accompagna sa patronne à la gare. Outre les Bourgau et leur domestique, il y avait une autre jeune femme qui était la sœur de Ferdinand Bourgau avec ses trois enfants. Cela faisait cinq enfants en tout, Marguerite allait être servie, pensa Elisabeth qui écoutait les dernières directives des deux femmes.

Ouf, le train était parti, et pour aujourd'hui la journée serait reposante. Elisabeth décida de revenir à pied en s'attardant devant les étalages et les boutiques. La chaleur suffocante l'encouragea à rentrer. L'appartement, dont elle avait soigneusement entrefermé les volets, avait conservé sa fraîcheur du matin. La jeune femme déjeuna à peine, inspectant les lieux, décida de faire un brin de ménage. La torpeur l'envahit ; elle gagna sa chambre, défit ses vêtements et entama une longue sieste. Vers 18 heures, il lui restait à mettre de l'ordre dans les placards de Madame. Elle les ouvrit. Allait-elle s'y mettre maintenant ou attendrait-elle le lendemain ? Finalement, cela lui prit une petite heure. Elle avait encore le temps de préparer le repas de Monsieur. Elle tailla une belle tranche de jambon qu'elle coupa en dés et fit légèrement revenir à la poêle. Elle s'apprêtait à casser les œufs lorsqu'elle entendit la porte d'entrée s'ouvrir.

— Tu es là, Elisabeth ?

Reniflant l'odeur du jambon, il sut qu'elle était dans la cuisine et ajouta en passant la tête par l'entrebâillement de la porte :

— Madame est bien partie ?

— Oui, Monsieur.

— C'est bien, alors prends ces fleurs, elles sont pour toi, pour égayer un peu cette maison.

— Merci, Monsieur, elles sont très belles.

Elisabeth était plus touchée qu'elle ne le laissait paraître. Depuis qu'elle travaillait ici, pas une fois elle n'avait vu Louis Camiale offrir des fleurs à son épouse.

— Ne me dis pas que tu as déjà préparé le repas !

— Je sers Monsieur dans cinq minutes s'il le désire, le temps de battre les œufs et de cuire l'omelette.

— N'en fais rien. Tu vas aller revêtir ta plus belle robe, celle qui te va si bien, que tu n'as mise qu'une fois ou deux, et je t'emmène dîner en ville. Mais dépêche-toi, j'ai faim.

— Croyez-vous que ce soit bien raisonnable, Monsieur ? Et si quelqu'un nous reconnaît ?

— Personne ne nous reconnaîtra, Elisabeth. Et, après tout, ça m'est égal. Allez, fais vite, c'est un ordre.

Elisabeth s'exécuta en prenant le plus grand soin pour se mettre en valeur. Elle savait où Louis voulait en venir, elle s'étonnait simplement qu'il se montre aussi prévenant et aussi délicat.

— Dis donc, tourne un peu que je t'admire. Tu crois toujours que ça va faire désordre ? Mais tu as raison, il ne faut pas que je rencontre des camarades, sinon ils vont se demander où j'ai déniché cette beauté.

— Monsieur exagère !

— Pas du tout, Elisabeth, et je crois que tu le sais un peu.

La jeune femme sourit et le couple quitta l'appartement. Louis appela un fiacre et lui fit prendre la direction des quais. C'est là qu'il ferait le plus frais.

Louis choisit une auberge fréquentée par une classe aisée, où il avait quand même peu de chance de rencontrer des connaissances, ces gens-là préféraient se retrouver dans des soirées privées entre personnes de même niveau social. Louis prenait rarement plaisir à ces réunions, il trouvait les hommes suffisants et orgueilleux, et les femmes, qui espéraient donner le change avec leur tenue clinquante et leur sourire enjôleur, souvent idiotes. Il était exaspéré de voir sa femme, qui n'était point sotte, rechercher et s'accommoder de ces futilités. De ces femmes-là, faciles et superficielles, il en avait un peu assez. Elisabeth représentait quelqu'un de frais, de propre, qui ne trichait pas, et pour l'instant lui non plus ne trichait pas. Il se sentait irrésistiblement attiré par cette jeune et belle fille, au point d'en oublier son épouse, sa carrière et son rang. Le repas n'était qu'une excuse, les jeunes gens n'avaient pas très faim, la chaleur coupait l'appétit. Après quelques crudités, ils firent honneur à la lamproie fameusement cuisinée, mais accompagnée, hélas, par un mauvais vin qui n'avait de Médoc que le nom. Louis possédait une très belle cave et connaissait parfaitement les vins de Bordeaux. En toute autre occasion, il aurait vigoureusement protesté ; il se contenta de sourire à l'aubergiste en lui disant :

— Votre cave n'est pas à la hauteur de votre réputation, Monsieur.

Puis les jeunes gens quittèrent l'auberge et s'attardèrent longuement dans les rues où toute la ville semblait s'être donné rendez-vous pour prendre le frais.

Ils furent parmi les derniers à regagner le confort des appartements. Louis, qui dominait Elisabeth d'une tête, la tenait par la taille et elle se laissait entraîner parmi les badauds, l'esprit serein. Elle savourait cet instant précieux où un homme lui faisait gentiment et discrètement la cour.

Dix fois, en traversant des espaces obscurs, Louis avait eu envie de faire pivoter la jeune femme, de la serrer dans ses bras et de l'embrasser. Dix fois, il renonça, par crainte de gâcher ces instants de douceur et de tendresse. Il était plus de minuit lorsque la jeune femme referma la porte de l'appartement, Louis avait allumé une bougie et l'attendait le dos au mur.

— Elisabeth, veux-tu partager ma chambre ?

Il aurait voulu ajouter que cela n'avait pas d'importance si elle refusait, mais sa gorge se noua. La jeune femme ne répondit pas. Elle lui prit simplement la main et l'accompagna. Une voix à l'intérieur d'elle-même lui disait : « Tu peux lui faire confiance, il est sincère. » Une autre lui soufflait : « Donnant, donnant : tu veux mon corps, je veux un enfant. » De toute façon, l'issue était la même. Elle se laissa entraîner et abandonna son corps à cet homme qu'elle n'aimait pas, mais dont les caresses délicates, empreintes de retenue, réveillèrent ses sens qu'elle croyait morts à jamais. La communion des deux corps fut d'une intensité que ni l'un ni l'autre n'avait encore connu. La nuit fut courte. Au petit matin, ils se réveillèrent étroitement enlacés, le lit complètement défait. Elisabeth tenta de se lever, mais ne put s'échapper qu'après un long baiser de Louis qui avait bien plus de signification que de belles paroles.

Elle prépara le petit déjeuner, apporta des vêtements propres au jeune homme qu'elle pressa un peu, la pendule tournait…

— Allons, Monsieur, dépêchez-vous, sinon vous allez être en retard à votre travail.

Louis Camiale exigeait de ses collaborateurs une ponctualité sans défaut et s'y conformait également. Aussi eut-il à peine le temps d'avaler son lait et de déposer un baiser rapide sur les lèvres d'Elisabeth qui riait de le voir courir ainsi.

— A ce soir, lança-t-il.

La jeune femme s'activa toute la journée pour ne pas voir le temps passer. Il faut dire que la besogne ne manquait pas avec deux maisons à tenir. Elle aurait pu faire l'impasse sur le ménage chez les Bourgau, mais elle savait qu'avec la poussière de la ville le travail serait double le lendemain.

Le soir, un quart d'heure après la fermeture des bureaux, Louis était déjà là. Le repas était prêt, Elisabeth ne s'était pas embarrassée, elle avait préparé quelque chose de frais. Louis l'invita à partager sa table.

— Sais-tu ce que nous allons faire ? Nous allons nous balader comme hier soir.

— Mais je dois laver la vaisselle…

— Alors dépêche-toi, je jette un coup d'œil sur le journal cn t'attendant.

Les jeunes gens sortirent, étroitement enlacés : Elisabeth passa la nuit avec Louis, ainsi que toutes les autres pendant trois semaines. Ils vécurent comme un couple d'amoureux, insouciants et heureux. Louis avait vingt-sept ans, Elisabeth vingt-deux, la vie était belle…

Marguerite débarqua un peu avant la mi-août au beau milieu d'un après-midi, sans prévenir, un peu parce qu'elle avait négligé de le faire, un peu pour surprendre Elisabeth. Toutefois, Madame Bourgau avait déjà fait des éloges :

— C'est une perle, votre domestique. Regardez comme tout brille, on dirait que nous avons quitté l'appartement hier, vous lui ferez mes compliments.

La jeune femme repassait du linge lorsque sa patronne entra en trombe :

— Vite, Elisabeth, débarrassez-moi de ces bagages, je vais me reposer dans la chambre, je suis fourbue.

Heureusement qu'Elisabeth s'appliquait à ne rien laisser traîner. Chaque matin, elle procédait à une inspection minutieuse de la chambre de Louis.

La maison s'emplit à nouveau des cris aigus et nerveux de cette femme qui exaspérait de plus en plus Elisabeth. Le soir, Louis rentra très tôt, à son habitude. Son sourire se figea rapidement et se transforma en un masque de désarroi. Les jeunes gens avaient complètement banni Marguerite de leur esprit, ils ne s'étaient pas préparés à son retour, ils étaient là, désemparés, la mine triste, acteurs d'un jeu que Marguerite n'avait pas conscience d'arbitrer.

— Je vous raconte nos péripéties sur le bassin et vous ne m'écoutez pas, Louis. Je vais inviter quelques amis pour fêter mon retour.

Elisabeth n'avait jamais compris Marguerite, tantôt elle tutoyait son époux, tantôt elle le vouvoyait, en fonction de son humeur. En tout cas, pour elle il allait être difficile de reprendre le vouvoiement. Louis répondit sur le même ton :

— Attendez un peu, s'il vous plaît, que les jours soient plus frais. En ce moment, les soirées sont trop chaudes, j'ai même la migraine ce soir, je crois que je vais aller me coucher.

Louis n'avait pu adresser la parole à Elisabeth de la soirée, et l'un comme l'autre évitaient les regards trop appuyés. Ils durent attendre une semaine avant qu'enfin, avec le peu d'empressement que lui prodiguait son époux, Marguerite décidât de passer une soirée dehors. Louis dut se transformer en comédien chevronné pour faire croire à une nouvelle migraine qui ne supportait que le silence et la tranquillité de la chambre. Il attendit que la porte de l'appartement se referme dans son bruit caractéristique, patienta quelques secondes et se rua dans la cuisine. Elisabeth terminait son travail, les amants s'embrassèrent fougueusement, étroitement enlacés.

— Qu'est-ce qu'on va faire ? demanda Louis.

— Voler un peu de bonheur de temps en temps, comme ce soir.

Depuis quelques jours, la jeune femme savait qu'elle n'était pas enceinte comme elle l'aurait souhaité, mais cela n'avait plus d'importance pour le moment, elle avait encore envie de goûter à ce plaisir qu'elle avait partagé avec Louis les jours précédents. Malgré l'étroitesse du lit, les jeunes gens se retrouvèrent dans la chambre d'Elisabeth, l'esprit perturbé par la crainte d'être surpris.

— Je vais te louer un appartement en ville où j'irai te retrouver.

— Et comment je vais gagner ma vie, comment on se rencontrera si je travaille lorsque tu es libre ou le contraire ? Le mieux, c'est que je parte et que je t'oublie.

— Ce n'est pas possible, Elisabeth, après ce que nous venons de vivre, je ne peux plus me passer de toi.

— Et tu ne peux pas te passer de ta femme non plus.

— Ecoute-moi. Pour l'instant, il ne m'est pas possible de la quitter, j'attends ce poste de premier secrétaire, sa famille est très influente, ses amis aussi. Sans eux, je n'aurai jamais ce poste.

— J'ai compris, tu veux ce poste, tu veux ta femme et tu me veux aussi.

Et moi je veux un enfant, pensa-t-elle.

— Ne mélange pas tout. Si j'avais le choix, c'est toi que je choisirais.

Elle avait envie de lui faire ressentir sa lâcheté, de le punir de l'avoir séduite, de se punir aussi d'avoir cédé au plaisir.

— Alors fais ton choix et fais-m'en part lorsque tu auras décidé.

— Tu es méchante, Elisabeth, mais je ne t'en veux pas, c'est la preuve que tu souffres toi aussi. Je te promets que je trouverai une solution.

— Mais il n'y a pas de solution.

Louis regagna sa chambre, troublé par la lucidité de la jeune femme. Certes, il en était amoureux, c'était même la seule femme dont il ait été amoureux. Il n'avait jamais aimé son épouse, comme il n'avait jamais aimé non plus les quelques maîtresses qu'il avait connues. Cependant, il ne pourrait pas quitter sa femme sans briser sa carrière. Même si le divorce existait, on pardonnait rarement à ceux qui y avaient recours.

Elisabeth fit mine de bouder quelques jours, puis elle retomba bien vite dans les bras de son amant avec une ardeur décuplée par leur relation épisodique.

Pas une fois Marguerite ne soupçonna la liaison entre Louis et Elisabeth. Elle était bien trop occupée par ses activités mondaines, et, d'autre part, elle croyait son époux accaparé par le travail. Ne semblait-il pas fatigué ? N'apportait-il pas d'énormes dossiers à la maison, sous prétexte de les mettre à jour ? Lorsqu'elle était à la maison, elle continuait à houspiller Elisabeth, jamais rien ne lui convenait : une serviette mal posée, une goutte de lait en trop, un chapeau qu'elle avait égaré et qui trônait sur sa tête. La jeune femme avait décidé de faire le dos rond ; quant à Louis, il avait cessé de prendre son parti de peur d'éveiller les soupçons. Et la vie continua ainsi, chacun connaissant son territoire, les barrières à ne pas franchir. Octobre passa, puis novembre, avec les premières fortes gelées. Une pluie givrante s'était abattue sur la ville, rendant les pavés glissants et dangereux. Elisabeth pensait à Maria qui devait accoucher dans les derniers jours de novembre. Vers la mi-décembre, elle reçut une lettre de Zélie : Maria avait un garçon qu'elle appelait Jacques Louis et qui était né le 21 novembre 1881. Au cours de l'été, elle avait également appris la naissance de Noémi Anne, le deuxième enfant de Jean Saturnin.

Un autre événement s'imposa à elle : elle avait du retard et était probablement enceinte. Pour l'instant, elle ne dirait rien à personne, pas même à Louis. Elle voulait au moins attendre le printemps pour rentrer à Saint-Julien et mettre ce temps à profit pour se faire engager comme nourrice dès que l'enfant serait né. Louis s'aperçut au bout de trois mois que son ventre s'arrondissait. Le jeune homme entra alors dans une grande méditation. Lui qui rêvait d'avoir des enfants, qu'allait-il décider ?

Elisabeth réussit à cacher son état deux mois encore sans que son amant ne soit parvenu à démêler l'écheveau inextricable de ses pensées. Elle ne s'inquiétait pas pour autant, elle avait trouvé une place de nourrice pour la fin de l'été chez un jeune couple de quincailliers dont l'épouse accoucherait début septembre.

Un soir, au début du mois de mai, après une journée harassante ponctuée par les réflexions désagréables de Marguerite, laquelle se préparait avec fébrilité à une soirée chez un adjoint au maire de la ville, Elisabeth se sentit mal et dut s'asseoir. Marguerite s'emporta, empruntant le registre le plus dégradant de son vocabulaire. Louis, qui se préparait également pour cette soirée qu'il espérait fructueuse pour son avenir, survint :

— Marguerite, vous voyez bien qu'Elisabeth est fatiguée, vous n'avez pas arrêté de la harceler aujourd'hui, laissez-la se reposer, nous n'avons plus besoin d'elle ce soir.

La jeune femme attendit d'être sûre de ne pas tomber et gagna sa chambre sous les yeux inquiets de Louis.

Dès que ses patrons quittèrent l'appartement, Elisabeth, qui avait récupéré, rassembla ses affaires. N'ayant pas l'intention de revenir, elle ne laissa rien traîner. Elle vérifia son pécule, qui s'était bien arrondi, Louis s'étant montré généreux depuis l'été précédent.

Elle venait juste de se coucher lorsqu'elle entendit les Camiale rentrer.

Au matin, elle prépara le déjeuner de Louis, mais l'évita en s'enfermant dans sa chambre. Après tout, s'il avait quelque chose à lui dire, il pouvait toquer à la porte. Il n'en fit rien. Elle s'habilla pour le voyage, encombra le vestibule de ses deux grandes malles, vérifia une dernière fois que tout était impeccable derrière elle et attendit que Marguerite se lève.

— Mon lait est prêt, Elisabeth ?

— Oui, Madame.

— Mais qu'est-ce que c'est que cette tenue ?

— Je vous quitte, Madame, mes bagages sont prêts...

— Et pourquoi donc ? Vous auriez pu me prévenir, ça vous prend au printemps, comme l'an dernier ?

— Ce n'est pas pareil, Madame, je ne reviendrai pas, je suis enceinte...

— Ça ne m'étonne pas. Où êtes-vous allée traîner ? Qui a pu vous faire ça, malheureuse ?

Elisabeth la fixa intensément de ses yeux noirs incandescents :

— C'est Monsieur, Madame.

Puis elle tourna les talons, saisit ses bagages et quitta la maison, laissant Marguerite Camiale le visage pétrifié, la bouche grande ouverte, sans qu'aucun son ne parvienne à sourdre.

Elisabeth était satisfaite de son effet. Marguerite payait ses deux ans de méchanceté. Quant à Louis, il avait pris le meilleur, qu'il assume le pire.

Vincent, allongé à l'ombre d'un saule, contemplait le bleu immaculé du ciel. Non loin de lui, sa femme et ses trois filles papotaient, l'empêchant de faire la sieste. Elles feraient mieux de se reposer, pensait-il, tout à l'heure elles auront besoin de toutes leurs forces. Ils venaient de retourner le foin et attendaient que le soleil fasse son travail pour le retourner à nouveau. Il serait certainement sec ce soir et il faudrait l'engranger avant qu'il ne reprenne l'humidité. Il y avait peu de risque que l'orage éclate soudain, l'appel à la pêche du matin en témoignait. Cela voulait dire que la mer était belle et que l'on pouvait sortir la lourde pinasse pour tenter d'emprisonner dans un filet le poisson qui ne manquait pas de venir frétiller près de la côte par beau temps. Lorsqu'il avait entendu l'appel de la corne, Vincent s'était demandé si le pilote disposerait de suffisamment d'hommes pour manœuvrer les rames et tirer le filet à terre. Tous les paysans étaient occupés à la fenaison. D'un autre côté, ça n'était pas tous les jours que l'océan permettait ce genre de pêche, alors les plus mordus pouvaient bien prendre le risque de faire l'impasse sur une journée propice à griller le foin.

Vincent n'avait jamais eu ce genre de choix à faire, il n'avait jamais consacré son temps qu'au travail. A soixante-sept ans, ses forces s'étaient quelque peu émoussées et il se serait bien contenté d'une seule vache au lieu de trois. Avec deux petits et un troisième qui arrivait, il n'avait pas d'autre possibilité. Sur les trois laitières, parfois il n'y en avait qu'une qui produisait du lait, et c'était un élément essentiel de leur nourriture. Il n'y avait qu'à regarder Jules qui, à presque cinq ans, présentait une vivacité de corps et d'esprit peu commune. Jules était là aussi, allongé tout près du panier dans lequel dormait Louis. « Nous avons de drôles de filles, disait parfois Vincent à son épouse, elles nous font des petits-enfants et ne veulent pas de maris. » « Elles ont raison, répondait-elle, un homme, c'est un enfant de plus. » N'empêche que tout cela était difficile à porter pour Vincent qui se sentait responsable de cette grande famille.

Finalement, le bavardage ne devint plus qu'un ronronnement et le vieil homme s'assoupit un instant.

Ce fut le silence qui le réveilla, les femmes avaient déjà entrepris, d'un coup de fourche alerte, de retourner le foin sur l'emplacement laissé libre. Pour ne pas interrompre le décalage, Vincent dut attendre que le tour se termine pour entrer dans le circuit qui ne s'interrompait que lorsque la parcelle était terminée.

C'était des voisins qui étaient venus faucher en deux matinées. L'herbe était particulièrement lourde et épaisse cette année, ce qui expliquait qu'elle s'était couchée par endroits, compliquant la tâche des faucheurs qui imprimaient tout de même un rythme que Vincent ne pouvait plus suivre. Aussi s'était-il attaqué à l'endroit le plus difficile, de manière à éviter de la peine à ces jeunes déjà trop aimables de venir couper son foin. Vincent et ses filles remettaient largement ces journées, ce qui ne l'empêchait pas de se sentir redevable puisqu'il ne rendait pas de véritables journées d'homme. Pourtant, on était plutôt satisfait de sa coopération, il n'avait pas son pareil pour vous régler une charrue, forger une hache ou donner le galbe à un hapchot.

En effet, il y avait eu une formidable mutation, les hommes s'étaient mis en masse au gemmage tout en continuant à s'occuper d'une propriété ou d'une métairie. Incontestablement, la lande se réveillait, on y vivait beaucoup mieux, même si c'était loin d'être parfait.

Elisabeth s'adaptait pleinement au rythme de la campagne, plus lent que celui de la ville où l'on courait toujours. Ici, c'était le soleil et non plus la pendule qui régulait le temps, aussi les gestes étaient-ils plus lents. Les beaux jours aidant, le soleil était agréable, l'air vivifiant et la sieste du midi réparatrice. Loin de la cohue bordelaise, Elisabeth se sentait revivre, elle ne pensait plus du tout à Marguerite, très peu à Louis, s'adonnant aux travaux de la ferme avec un tranquille détachement, libérant Maria pour ses travaux de couture et aussi pour son petit Louis qu'elle couvait avec une possession maladive qui faisait enrager Zélie.

— Mais je ne vais pas lui voler son bébé ! Tu ferais mieux de m'emmener avec toi, je suis de trop ici.

— Mais non, tu es encore trop jeune et tu vas avoir ma petite à moi pour toi toute seule.

— C'est une fille, tu crois ?

Elisabeth était moins ronde que lors de sa première grossesse et elle était persuadée qu'elle aurait une fille.

Elle avait raison. Le 16 août 1882 naquit une petite fille qu'elle avait décidé d'appeler Vervanie, mais, ce prénom ne convenant pas à l'Eglise, elle reçut tout simplement celui de Marie, comme sa grand-mère.

Jules était content d'avoir une petite sœur. Au moins, on le laisserait s'en occuper, parce qu'on ne lui permettait pas d'approcher Louis, sauf pour veiller sur son sommeil, lorsque cela arrangeait les adultes. Le garçon n'attendit pas les interdits, il s'imposa comme le gardien de Marie et se fit aider dans sa tâche par le pas toujours commode labrit Paqui. Un nom pas très original, mais depuis quarante ans tous les chiens s'appelaient Paqui ou Tignous. Peut-être, au-delà du nom, voulait-on retrouver les mêmes qualités à ces inséparables compagnons ? Au bout de quinze jours, Elisabeth devint quelque peu nerveuse, elle savait qu'on pouvait l'appeler à tout moment, le bébé qu'elle allait nourrir devait naître en septembre. Elle savait qu'elle ne pouvait plus faire autrement, mais il lui était toujours difficile de quitter les siens, et encore plus de leur laisser maintenant ses deux enfants. C'était dur, très dur, mais elle voulait que ses parents aient une fin de vie décente, même si elle savait que la manière qu'elle employait leur causait bien des soucis.

Peu avant d'accoucher, elle avait revu sa cousine Jeanne, dont les conditions de vie ne s'étaient guère améliorées et qui s'était mise à pleurer lorsqu'elle l'avait reconnue.

— Tu viens chercher l'argent que tu m'as prêté, mais je n'ai rien, juste de quoi manger, et encore…

— Pas du tout, je viens simplement prendre de tes nouvelles, on m'a dit que tu t'étais mise avec Lucien et me voilà…

Lucien vivait plus ou moins en marge de la société, un peu chasseur, un peu pêcheur, beaucoup braconnier. Il habitait une maison au milieu des bois, une cabane plutôt, et, si tout le monde s'était étonné de voir Jeanne partager la vie de cet homme, Elisabeth en avait très vite compris le sens. Sa cousine avait encore peur de son mari, et il aurait peut-être quelque retenue à venir la chercher chez ce personnage peu sociable et réputé dangereux. C'était la crainte de représailles qui l'avait jetée dans les bras de cet homme qui finalement se montrait très doux dans l'intimité. La fébrilité, les tremblements de la jeune femme firent comprendre à Elisabeth qu'elle lui rappelait un passé trop douloureux et l'incitèrent à prendre congé de sa cousine. Elle ne revint jamais la voir.

Le 20 septembre, le message qu'Elisabeth attendait arriva. Il lui fallait regagner Bordeaux. Maria, qui nourrissait encore Louis, s'arrangerait pour aider la petite Marie à passer du lait maternel au lait de vache. Tout étant réglé, la jeune femme s'empressa de quitter son petit monde. Pour couper court à toute effusion, elle coucha chez Xavier le dernier soir sous prétexte de lui éviter un trajet supplémentaire le matin très tôt. Xavier était de plus en plus sollicité et il n'avait pas toujours la possibilité d'échapper à un service qui s'était créé spontanément. Lors de son retour, la jeune femme avait dû passer la nuit au relais de la gare à Morcenx, son état ne lui permettait pas de grimper dans la première charrette venue. La matinée était très froide, ça frisait la gelée blanche.

Xavier obligea sa sœur à s'emmitoufler dans une couverture qu'elle conserva dans le train durant une bonne partie du voyage.

La quincaillerie Frugey, située quasiment face au théâtre, tout proche de l'entrée de la rue Sainte-Catherine, tournait à plein régime.

Bordeaux se construisait à tour de bras ; les maçons et les charpentiers, qui venaient parfois de loin, côtoyaient les ménagères dans la petite boutique qui ne désemplissait pas. Joseph et son épouse Léontine servaient les clients. Josépha, la mère de Joseph, tenait les comptes à l'abri d'un minuscule comptoir derrière lequel elle disparaissait complètement.

Les apparences sont souvent trompeuses. Noyée parmi ses factures, ses carnets de crédit, ses commandes, elle accomplissait son travail avec le plus grand soin et une efficacité redoutable. Gare à celui qui avait du retard dans ses règlements et qui fanfaronnait, il se faisait rappeler à l'ordre devant tout le monde, dans un vocabulaire que seuls les résultats pouvaient excuser. Alphonse, son mari, était le roi de la réserve qui prenait le reste du rez-de-chaussée et envahissait une bonne partie de la cour. Un commis lui donnait un coup de main, mais il était bien le seul à s'y retrouver dans ce capharnaüm. Dans cette fourmilière, Elisabeth avait bien du mal à tenter de faire comprendre que la petite Aurélie faisait partie de la maison et qu'elle méritait quelque attention. Bien sûr, les Frugey étaient des gens aimables et courtois. Malgré cela, Elisabeth ne pensait pas que ces infatigables commerçants auraient apporté un peu plus d'attention au garçon qu'ils avaient espéré. Léontine, doublement mal acceptée – ce n'était qu'une servante qui leur avait pris leur fils et qui n'avait réussi qu'à procréer une fille –, n'était qu'une alliée trop passive et trop craintive. Au début, à peine Elisabeth donnait-elle le sein au bébé qu'on l'appelait pour une tâche quelconque : contrôler les arrivages, décharger des colis ou rechercher un ustensile qu'un client ne trouvait pas. C'était elle qui s'occupait également du ménage et de la cuisine. Si au moins tout le monde était venu manger en même temps, mais chacun agissait comme il l'entendait, et la jeune femme n'en finissait pas de réchauffer les plats, de débarrasser la table et de faire la vaisselle. Elisabeth ne se plaignait pas du travail, cela avait au moins le mérite de contribuer à ne pas voir passer le temps. Cependant, la petite Aurélie avait eu une alerte. Elle mangeait peu, et un jour elle se mit à vomir plus que de raison. Léontine, prévenue, ne semblait pas s'inquiéter, Josépha non plus. Elisabeth ne savait plus que faire, il fallait consulter un médecin. Un matin, devant le désintérêt général, elle décida de prendre la situation en main et habilla chaudement le bébé. Indifférente à l'affluence dans le magasin, elle se planta devant le comptoir et, assez fort pour tirer Josépha de ses comptes, elle dit :

— Madame, cette petite est malade ; ici vous semblez vous en moquer, alors voilà, vous avez deux solutions : ou bien vous me donnez de l'argent pour aller consulter un médecin, ou vous vous cherchez une autre nourrice.

Joseph s'immobilisa, Léontine pâlit, tandis qu'Elisabeth, le regard sévère, attendait une réponse. Josépha, qui avait eu le temps d'apprécier les qualités de la jeune femme et à qui la gravité de la situation avait échappé, n'hésita pas :

— Tiens, dit-elle en tendant un billet qu'elle retira de son tiroir, va voir le médecin.

Celui-ci hésita à se prononcer, tout semblait normal en apparence, il faudrait peut-être que la petite respire l'air de la campagne. La campagne, il n'en était pas question pour les Frugey, tout au plus Elisabeth obtint-elle l'autorisation de promener l'enfant à l'air libre dans les parcs bordelais. La jeune femme poussa son avantage : il existait au rez-de-chaussée une pièce dans laquelle Alphonse entassait pêle-mêle tous les objets cassés ou invendables en vue de les brader soit à des clients peu argentés, soit à des marchands forains qui en faisaient leur affaire. Elisabeth vida cette pièce au grand dam d'Alphonse qui criait partout qu'il n'était plus le maître chez lui. Elle la transforma en cuisine-salle à manger, ainsi personne n'avait plus besoin de grimper à l'étage qu'elle entreprit de faire briller comme un sou neuf. Elle ne permit plus qu'on touche la petite Aurélie sans s'être lavé les mains, qui traînaient la plupart du temps dans des matériaux ou des drogues diverses.

Rapidement, le bébé s'en porta mieux. Au printemps, tout était rentré dans l'ordre. Heureusement, car la quincaillerie réclamait de plus en plus la collaboration d'Elisabeth. La jeune femme était complètement coupée du monde, seules les lettres de Zélie lui apportaient un peu de bonheur. Ses enfants se portaient bien, Jules ne parlait plus que de l'école où il allait faire sa rentrée en octobre. Marie semblait un peu paresseuse et ne serait sans doute pas aussi précoce que son frère, mais on lui pardonnait tout.

Un an passa. Aurélie restait menue et avait peu d'appétit, Elisabeth songeait à trouver une autre place. Il n'en était pas question. La petite marchait certes, on augmenterait ses gages s'il le fallait, mais elle devait rester. Qu'avait-elle besoin d'aller chercher du travail ailleurs ? Il y en avait bien assez pour elle ici. Ce qu'Elisabeth craignait le plus arriva. Le peu de besoin de la petite l'entraîna à perdre son lait. Elle n'avait plus d'autre choix que celui de rester.

Un jour de juin en 1884, une dame qu'Elisabeth connaissait était en discussion avec Josépha, qui l'appela :

— Dites-moi, ne m'avez-vous pas dit que vous aviez une sœur qui aimerait travailler à Bordeaux ?

— Oui, renchérit la dame, je cherche une cuisinière.

— Ma sœur viendrait sans doute, elle en meurt d'envie, mais elle n'a que dix-huit ans, je ne sais pas si elle vous conviendrait…

— Vous savez où se trouve la teinturerie, c'est à deux pas d'ici, vous pourriez la conseiller et vous rencontrer quand vous le désirerez.

Madame Daniau était à la fois une amie de Josépha et une bonne cliente de la boutique, il arrivait à Elisabeth de livrer des drogues ou d'y apporter des vêtements. Elle se décida :

— Je vais lui écrire et je vous donnerai la réponse.

Celle-ci vint très rapidement. « Les parents sont d'accord et moi aussi, tu penses. Seulement, je ne viendrai pas avant le début juillet, j'ai promis à ton petit Jules de l'accompagner à la remise des prix le 30 juin. Eh oui, ton fils travaille très bien à l'école, il est le premier de sa classe, il recevra les félicitations et une récompense devant tout le monde ; dommage que tu ne sois pas là ! »

Elle y serait, les Frugey se passeraient d'elle quelques jours, l'excuse était toute trouvée. Il fallait bien qu'elle accompagne sa jeune sœur. Comment ferait-elle ? Elle n'avait jamais quitté sa campagne, jamais pris le train. Et puis, avait-elle assez d'argent pour s'habiller correctement ? Là, Elisabeth exagérait, car c'était elle qui habillait ses sœurs en achetant des coupons pour Maria et des robes pour Zélie.

Brusquement, elle eut mille choses à faire : prévenir les Daniau, s'acheter une toilette, des cadeaux à ses sœurs et aux enfants. En près de deux ans, la jeune femme n'avait pas dépensé un centime et sa cagnotte s'était accrue. Les Frugey vivaient comme de modestes employés, mais ils payaient bien et devaient avoir de sérieuses économies entassées dans le tiroir de la chambre de Josépha, le seul dont ni Elisabeth ni personne ne possédait la clé.

Un commis donnerait provisoirement un coup de main à Joseph, tandis que Léontine s'occuperait de sa fille et de la maison.

Quatre jours avant la fête de l'école, Elisabeth débarqua à Saint-Julien.

Depuis que Zélie lui avait dit en rentrant le foin dans l'après-midi qui était l'instituteur du village, Elisabeth se cherchait des prétextes pour ne pas accompagner sa sœur et son fils.

— Mais tu le connais, avait insisté Zélie, c'est ce jeune homme qui m'a appris à danser pour un carnaval. Vous ne vous quittiez pas d'ailleurs…

Elisabeth avait failli s'effondrer, elle s'entendit demander :

— Il est marié ?

— Oui, et il a deux enfants, tout petits.

Devant l'enthousiasme de son fils, la jeune femme ne pouvait plus revenir en arrière. Elle était là, devant son baquet plein d'eau, à faire disparaître machinalement les traces de poussière et de sueur, une robe délicatement déposée sur le dossier d'une chaise l'attendait, mais elle n'avait plus le cœur à se mettre en valeur. Elle le ferait cependant par égard pour son fils, qui piaffait dans le séjour, engoncé dans une superbe tenue qu'elle lui avait apportée, un peu avantageuse peut-être, mais il fallait bien ça, dans quelques mois il n'y paraîtrait plus.

Au milieu des mamans, même parmi les plus aisées, aucune ne soutenait la comparaison avec les deux sœurs. Zélie Darnère, plus grande qu'Elisabeth, portait ses vêtements avec une classe incontestable.

Pour la remise des prix, on avait monté une estrade où trônait un bureau ; des bancs étaient disposés autour avec, au premier rang, les enfants passablement excités. Le maire était là aussi avec quelques notables que l'instituteur avait accueillis avec empressement avant de monter sur l'estrade.

Le maître d'école frappa dans ses mains pour obtenir le silence.

— Nous allons commencer par les plus petits : Jules Darnère.

L'enfant se hissa près du bureau.

— C'est très bien, premier prix de français, premier prix de dictée, premier prix de calcul.

Jules reçut sa récompense, un magnifique livre qu'il s'empressa de feuilleter en retournant à sa place sous les regards envieux ou désabusés de ses camarades. Puis on passa aux classes supérieures. Tout à sa fierté et plongée dans ses pensées, Elisabeth, bercée par cette voix qui lui avait chuchoté des mots tendres, n'entendit que les derniers mots juste avant les applaudissements.

— Malheureusement, cette année nous n'avons pu présenter aucun élève au certificat d'études. Je vous rappelle que l'école est obligatoire, mais, ce soir, c'est la fête, alors je n'insisterai pas.

Déjà les hommes se pressaient vers la table où le maire avait fait disposer quelques verres et un peu de vin blanc. L'instituteur descendit et vint saluer les parents des lauréats. Lorsqu'il fut devant Elisabeth, qui feuilletait le livre de son fils et le félicitait, il tendit la main et demanda :

— C'est votre fils ? demanda-t-il avant de pâlir.

— Elisabeth !

— Oui.

— C'est à cause de lui que tu n'as jamais répondu à ma lettre ? balbutia-t-il.

— Quelle lettre ?

C'est tout ce qu'ils purent échanger, déjà on se pressait autour d'eux et le jeune homme fut accaparé, ses yeux ne quittant pas la jeune femme.

Quelques minutes plus tard, la voyant seule, il se fraya un passage et se rapprocha d'elle.

— Elisabeth, il y a quelque chose que je voudrais éclaircir, on peut se voir demain ?

— Si tu veux.

A nouveau, on vint solliciter le jeune instituteur. Zélie racontait qu'elle allait travailler à Bordeaux, Jules essayant d'attirer son attention.

— Regarde, tante Zélie, il est beau, non ?

— Il est très beau, tu l'as bien mérité, mais il faudra continuer.

Elisabeth, quelque peu esseulée au milieu de gens qu'elle n'avait pas vus depuis longtemps, s'approcha de sa sœur. Elle avait envie de partir, ses jambes ne la soutenaient plus. Qu'est-ce que c'était que cette histoire de lettre ?

Finalement, personne ne s'attarda, les pins et les champs réclamaient la présence de chacun dès l'aurore. Sur le chemin du retour, Jules sautillait entre sa mère et sa tante. Zélie demanda :

— Quand part-on ?

— Oh, on a bien quelques jours. Je voudrais profiter un peu des petits… Tu vas leur manquer, toi aussi. Et puis, il faudrait que j'aille voir Jeanne.

Jeanne Darnère avait reçu à plusieurs reprises la visite des gendarmes pour ne pas s'être présentée au juge de paix à Castets, son mari avait engagé une procédure pour abandon d'enfants et le divorce allait être prononcé d'office.

La nuit parut longue à Elisabeth, elle passait par toutes les hypothèses, envisageait tout et son contraire. D'abord, Bernard ne lui avait pas dit où le retrouver, ni à quelle heure. Elle irait à la grange à foin dans la lande où ils s'étaient vus la dernière fois, et puis non, elle n'irait pas, elle allait faire ses bagages et rentrer immédiatement à Bordeaux. Lorsqu'elle arriva, en fin d'après-midi, à leur ancien lieu de rencontre, Bernard était déjà là qui attendait.

— J'avais peur que tu ne viennes pas.

Les jeunes gens ne s'étaient pas salués et se tenaient là, à un mètre l'un de l'autre, les bras ballants.

— Il y a sept ans, lorsque je suis parti à Amou, je t'ai écrit une lettre, tu ne m'as pas répondu.

— Je n'ai jamais reçu de lettre de toi…

— Pardonne-moi, mais j'ai pensé que tu ne m'avais pas répondu parce que tu ne voulais pas de moi. Et puis à la rentrée, lorsque j'ai vu ton fils, j'ai pensé que c'était parce que tu attendais un enfant.

— Bernard, tu sais très bien que tu es le premier homme que j'ai connu et je croyais qu'un instituteur savait compter mieux que cela. Oui, j'étais enceinte, mais de toi. Jules est aussi ton fils. Quant à la lettre, je vois mal mes parents me la dissimuler.

— Attends, je l'avais confiée à ma mère. Maintenant, je suis sûr que c'est elle, d'ailleurs elle n'était pas d'accord pour que je t'épouse. Maintenant, c'est trop tard : je suis marié et j'ai deux enfants.

Elisabeth pleurait doucement et Bernard la prit dans ses bras. Alors, comme sept ans auparavant, la passion s'empara d'eux et leurs corps retrouvèrent la fougue qui les avait déjà unis. Ils se rencontrèrent plusieurs jours d'affilée, sans se concerter, cédant à chaque fois à l'appel sournois de leur désir. Un soir, Elisabeth fut la plus courageuse.

— Bernard, je pars demain matin.

Le jeune homme était effondré, mais il savait lui aussi qu'il fallait mettre un terme à cette liaison. On ne pardonnait pas aux fonctionnaires qui transgressaient la morale. Les adieux furent pénibles, ils avaient décidé de s'éviter à l'avenir, à quoi bon se faire mal à nouveau ?

— Je te promets que je m'occuperai du petit.

— Merci.

Elle s'éloigna d'un pas qu'elle voulait énergique, sans se retourner, comme elle l'avait vu faire à son père lorsqu'il avait quitté Châton. Comme lui, elle avait le sentiment d'avoir raté sa vie.

Zélie s'émerveillait de tout. Cependant, sans la présence rassurante de sa sœur, elle aurait éprouvé quelques craintes au milieu de cette cohue. Xavier avait déposé les jeunes femmes à la gare de Morcenx et ramené le petit Jules qui avait obtenu l'autorisation d'accompagner sa mère et sa tante jusqu'à cette machine qui lui volait celles qu'il aimait le plus. Le garçon mit un point d'honneur à garder la tête haute et à ne pas verser une larme. Zélie lui manquerait beaucoup, comme elle manquerait aussi à la ferme. Vincent se demandait comment il allait s'organiser.

Les jeunes femmes débarquèrent vers le milieu de l'après-midi. Elisabeth appela un cabriolet pour transporter leurs bagages et donna l'adresse au cocher.

— Je vous emmène par les quais ou par la ville ?

— Par les quais, on aura tout le temps de visiter la ville plus tard.

La teinturerie Daniau était une véritable petite usine. Une dizaine d'employés travaillaient dans l'arrière-boutique au milieu d'une vapeur qui piquait les yeux et le nez.

On montra à Zélie son nouveau domaine. Le midi, elle devait nourrir tout le personnel et la famille. Le soir, restait la famille et deux ou trois employés, les autres rentraient chez eux. Sa chambre était petite, mais claire et bien agencée. Son cœur se serra lorsque Elisabeth dut la quitter :

— Tu crois que je vais y arriver ?

— Il faudra bien. Mais, tu verras, ce n'est pas si compliqué lorsqu'on n'a qu'un seul travail à accomplir.

Là où Zélie se fourvoya les premiers jours, ce ne fut pas dans la qualité de sa cuisine, elle avait commencé par les plats qu'elle maîtrisait le mieux, mais dans les quantités. Un jour trop, un jour pas assez. Madeleine Daniau fit mine de ne pas s'en apercevoir et l'encouragea :

— Vous faites de la très bonne cuisine, ma petite, je suis contente de vous.

Les employés aussi étaient satisfaits, ils l'adoptèrent instantanément. L'après-midi, elle leur apportait un peu d'eau fraîche qu'ils appréciaient grandement dans leur étuve.

Il fallut une semaine à la jeune fille pour maîtriser la situation. Elisabeth venait la voir tous les jours quelques minutes en promenant la petite Aurélie et elle constatait que sa sœur prenait de l'assurance.

Joséphine avait épousé François Daniau le printemps précédent. Elle était à peine plus âgée que Zélie, les deux jeunes femmes se lièrent tout de suite. Elisabeth fut rassurée quant à l'avenir de sa sœur.

Les Frugey avaient gardé le commis qu'ils avaient employé durant l'absence d'Elisabeth, le travail fut mieux réparti et Josépha constata avec satisfaction que les ventes progressaient. Elisabeth ne retrouvait cependant pas son allant, il y avait quelque chose de cassé en elle. Rien ne parvenait à la distraire de ses sombres pensées, ni la présence de sa sœur ni son travail. Elle tentait d'imaginer ce qu'aurait pu être sa vie avec Bernard. Si leur amour n'autorisait aucune remise en question, il n'en allait pas de même de leur orgueil respectif qui les avait plongé dans une situation sans espoir. Elisabeth n'avait rien espéré de leur dernière aventure, simplement elle avait vécu, comme sept ans auparavant, un grand amour sans tabou, sans contrainte et sans retenue. L'amour de sa vie, lequel, une fois encore, ne resterait pas sans lendemain. Vers la mi-août, elle savait qu'elle aurait un autre enfant de Bernard. Elle ne se plaignait pas de sa situation actuelle, mais, si elle pouvait retrouver une place de nourrice, elle pouvait espérer gagner davantage.

L'occasion se présenta tout naturellement. Un dimanche d'octobre, dissuadées par un brouillard froid qui s'était abattu sur la ville, les deux sœurs avaient renoncé à mettre le nez dehors et bavardaient dans la chambre de Zélie :

— Tu sais que Joséphine est heureuse, elle va avoir un enfant.

— Elle ne cherche pas une nourrice ?

— Si, tu en connais une ?

— Oui, moi, moi aussi je suis enceinte.

— Encore ?

— Ne juge pas, s'il te plaît. Pour être nourrice, il faut du lait, et, pour avoir du lait, il faut des enfants. Maintenant, je suis prise dans un autre cercle vicieux, j'ai deux enfants, bientôt trois, et, si je ne veux pas qu'ils soient à la charge de Maria et des parents, il me faut de l'argent… Tout ça parce que j'ai aimé un garçon et qu'il y a eu un énorme malentendu.

Elisabeth s'en voulait plus à elle-même qu'elle n'en voulait à Bernard et à sa mère, elle raconta tout à Zélie.

— Méfie-toi des garçons, ne tombe pas dans le même piège que moi.

Joséphine Daniau accoucherait fin avril, Elisabeth fut engagée. Elle passa l'hiver à Bordeaux. Lorsqu'elle ne se sentit plus la force de transporter les paquets à la quincaillerie, elle rentra à Saint-Julien, un peu après carnaval. Sans que son père lui fît le moindre reproche, la jeune femme ressentit sa contrariété.

Michel Félix Darnère naquit le 15 mars 1885 au domicile de ses grands-parents au quartier de Sardine à Saint-Julien-en-Born. Un mois et demi plus tard, sa mère repartit sur Bordeaux, le laissant aux soins de Maria avec ses deux autres enfants. Jules se débrouillait fort bien tout seul, mais les trois petits, Louis, Marie et Félix, donnaient bien du travail à Maria. Elisabeth avait pourtant fait de son mieux pour soulager sa sœur, elle s'était débrouillée pour acheminer une machine à coudre qu'elle lui avait achetée à Bordeaux. Une des premières qui fût sur le marché et qui venait de Suisse. Elisabeth était fière de son exploit, personne n'en possédait encore au village, et, lorsque cela se saurait, Maria ne manquerait pas de travail.

Hélas, auparavant il fallait maîtriser cette superbe mécanique. Manifestement, la jeune femme connaissait quelques difficultés. Jules, à qui l'on avait dans un premier temps interdit d'y toucher, semblait avoir de meilleures dispositions, et ce fut lui qui permit de réaliser les derniers réglages, tandis que la jalousie faisait dire à certaines voisines : « C'est de l'argent gaspillé, elle ne saura jamais s'en servir. » Ou encore : « Est-ce que ça marche, au moins ? » Puis, lorsque le miracle se produisit, qu'une jupe fut cousue en quelques minutes, elles faisaient cercle autour de Maria et s'extasiaient devant le progrès.

Elisabeth et Zélie s'entendaient à merveille, elles se partageaient le travail et Madeleine Daniau était très satisfaite des deux sœurs. Depuis qu'elles étaient là, la maison ronronnait comme une mécanique bien huilée.

La petite Amélie se portait admirablement bien. Forte de sa dernière expérience, Elisabeth avait tout de suite exigé une propreté sans faille : quiconque venait de l'atelier de teinturerie devait déposer sa blouse dans le vestibule et se laver les mains. L'habitude fut prise et elle n'eut pas à se gendarmer longtemps. La chaleur de la famille Daniau et la présence de sa sœur contribuaient pour la jeune femme à la découverte d'un équilibre qu'elle n'avait encore jamais atteint. Seule ombre au tableau : Jules boudait. Il boudait parce qu'on l'avait expédié chez les voisins lorsque Félix était né, il boudait aussi parce qu'on n'avait pas pensé à lui pour être le parrain de son petit frère ; on lui avait préféré ce voisin, Jean Serres, alors il ne répondait pas aux lettres de sa mère, il s'adressait uniquement à Zélie. En juin, il annonça fièrement qu'il était toujours le premier de sa classe et qu'il recevrait un prix. Espérait-il que sa tante ou sa mère l'accompagnent comme l'année précédente ? Il ne le dit pas ouvertement, mais il se trouva des excuses pour ne pas donner de nouvelles de tout l'été.

Les deux sœurs étaient bien trop occupées pour s'absenter quelques jours. Elles avaient seulement le dimanche après-midi pour se distraire, et Zélie, lorsqu'elle se laissait entraîner par Elisabeth, aimait bien visiter les boutiques d'habillement. Ce qui l'intéressait aussi, c'était les bateaux immenses qui lâchaient d'énormes nuages de fumée lorsqu'ils quittaient les quais. Les deux filles ne manquaient pas de se faire interpeller par les marins, mais l'allure, le port de tête de Zélie dégageaient une telle autorité que les garçons les plus hardis passaient leur chemin sans insister. Elisabeth préférait cela, comme elle préférait que sa sœur n'aime ni les fêtes ni les foires qui ne manquaient pas à Bordeaux. La jeune fille ressemblait beaucoup à Maria, quoique moins naïve. Des trois filles, c'était celle qui se rapprochait le plus de leur grand-mère Jeanne Barricat. Un personnage, cette femme-là, avait-elle entendu dire. Trop petite, Elisabeth ne se souvenait pas d'elle.

Madeleine Daniau tint à fêter les vingt ans de Zélie. La jeune fille reçut quelques cadeaux. Sa sœur lui offrit de superbes boucles d'oreilles. Elles avaient en commun la passion des bijoux. L'attention conforta les jeunes filles qui avaient l'impression d'avoir trouvé une seconde famille. Ni l'une ni l'autre ne songeaient à rentrer à Saint-Julien, ne serait-ce que quelques jours.

Pourtant Vincent se faisait bien vieux, et tous ses petits-enfants autour de lui le préoccupaient beaucoup. Maria était courageuse, mais lorsqu'ils seraient partis, Marie et lui, elle serait obligée d'abandonner la ferme, et une ferme nourrissait quand même ses occupants, tandis que l'argent qu'elle gagnait avec la couture, c'était quelque chose d'impalpable, d'artificiel, dont on n'était pas certain. Pour l'instant, il lui fallait tenir, aller le plus loin possible. Sa satisfaction, c'était Jules. S'il pouvait vivre assez longtemps, il était sûr que son petit-fils saurait trouver les solutions qui conviendraient. Ce petit bout d'homme était sacrément intelligent, il vous tenait une conversation, vous résolvait un problème comme personne n'était capable de le faire dans le voisinage. Il fallait voir, le soir, la facilité avec laquelle il expédiait ses devoirs, avec application, toujours justes. Il ne rechignait pas ensuite à donner un coup de main à sa tante ou à ses grands-parents. Contrairement à ses camarades, pas une fois il ne manqua l'école. Lorsque les champs les réclamaient, il n'était pas rare que quelques bancs de la classe restent inoccupés.

Même s'il s'adressait rarement à elle dans ses lettres, Elisabeth était fière de son petit garçon. Parfois elle se demandait quelles pouvaient être ses relations avec l'instituteur. Bernard avait beaucoup plus de chance qu'elle, il voyait Jules tous les jours, il pouvait le former, le façonner à sa manière, et c'était mieux ainsi, pensait-elle. Félix serait-il comme lui ? Elle l'espérait. Félix qui marchait, qui commençait à parler et qu'elle n'avait pas vu depuis sa naissance. Brusquement, le besoin se fit impérieux : il fallait qu'elle voie ses enfants.

Amélie était sevrée, Elisabeth nourrissait un autre bébé tout en s'occupant de la fillette, un arrangement que les Daniau acceptaient parce que Joséphine attendait un autre enfant dont la jeune femme serait tout naturellement la nourrice.

Un soir, en rentrant à la teinturerie alors que la soirée était chaude et qu'elle flânait dans la rue, un homme s'arrêta devant elle, presque à la toucher. Elle sursauta devant ce brusque retour en arrière de cinq ans : c'était Louis Camiale. Elle voulut se dérober, mais il l'en empêcha. C'est ainsi que Louis, perturbé par son départ, n'avait jamais obtenu le poste auquel il aspirait. Mieux, on l'avait mis sur une voie de garage dorée dont il n'était pas près d'émerger, d'autant qu'on l'avait gratifié d'un salaire que ne justifiait pas sa nouvelle situation.

— Et notre enfant ? demanda-t-il.

— C'est une fille, elle s'appelle Marie comme ma mère, elle est chez mes parents.

La jeune femme ne prenait pas de risque en faisant cette annonce, elle savait que les hommes se moquaient d'avoir des filles. Si ça avait été un garçon par contre…

Marguerite n'avait pas cru Elisabeth lorsqu'elle lui avait annoncé que l'enfant qu'elle attendait était de Louis, elle avait pris cela comme une impertinence supplémentaire de la part de sa domestique. Louis s'était bien gardé de dire la vérité. Leur ménage allait toujours aussi mal. Malgré tout, ils parvenaient à sauver les apparences.

— Il faut que je rentre, il est tard.

— Je vais te raccompagner.

— Non, non, je ne veux pas.

— Dis-moi où tu habites.

— Au revoir.

Elisabeth s'enfuit jusqu'au coin de la rue. Apparemment, Louis ne la suivait pas, mais ils étaient bien trop proches de la teinturerie pour qu'à un moment ou à un autre il ne découvre pas l'endroit où elle travaillait.

Le soir, avant de se coucher, Elisabeth interrogea longuement son miroir. Louis Camiale l'avait observée intensément avec des yeux langoureux. Elle s'était épanouie en cinq ans, son visage n'avait pas beaucoup changé, il paraissait simplement un peu moins juvénile.

Pourquoi cette rencontre l'avait-elle troublée ? Louis n'avait pas joué, il avait vraiment été amoureux et il semblait l'être encore. La jeune femme se secoua, elle ne voulait plus de ces liaisons furtives. Ah, si elle trouvait un garçon libre de toute attache… Mais qui voudrait d'elle avec ses trois enfants ? Le fait même de se poser ces questions, n'était-ce pas déjà un élément de réponse ? Elle aurait besoin de toute sa volonté pour empêcher son corps de renouer avec des plaisirs qu'il réclamait. Il lui fallait oublier Louis.

— Zélie, les enfants me manquent, j'ai bien envie d'aller les voir, et puis il est temps d'apporter un peu d'argent à Maria.

— Et comment vas-tu faire ?

— Pour mon lait, tu veux dire ? Je me débrouillerai, ce serait bien le diable s'il n'y avait pas un petit qui en a besoin. Et puis, à l'hôpital, on m'a appris comment faire si j'en ai trop.

Elisabeth était allée quelquefois à l'hôpital Saint-André donner le sein à des bébés qui avaient perdu leur maman en couches.

— Quand pars-tu ? Laisse-moi le temps de faire quelques achats.

— Nous les ferons ensemble si tu veux.

En trois jours, la jeune femme régla ses affaires. Madeleine Daniau, qui était une des rares personnes à connaître l'existence des trois enfants d'Elisabeth, comprenait très bien et ne fit aucune difficulté. Zélie, partagée entre la déception de ne pouvoir être du voyage et la crainte de renouer avec une manière de vivre qu'elle avait toujours refusée, accompagna sa sœur à la gare en lui faisant mille recommandations.

— Tu reviens quand ?

— Dans une semaine tout au plus, je ne vais pas m'attarder.

C'était la saison où la nature se parait de vert, et Elisabeth ne se souvenait pas l'avoir vue aussi jolie, tachée par endroits des milliers de points blancs et jaunes des pâquerettes.

Dix ans auparavant, elle avait laissé une forêt naissante, maintenant elle obstruait la vue, et telle ou telle ferme que l'on apercevait à l'horizon avait complètement disparu au milieu des arbres.

Les hommes avaient fini par avoir raison des sables, fixés par les pins ; les genêts et les gourbets avaient cessé d'avancer. En quelques années, le paysage s'en était trouvé complètement bouleversé, si bien qu'Elisabeth avait l'impression de débarquer dans un pays inconnu. Sans doute les autres fois, trop préoccupée, ne s'était-elle pas rendu compte de la mutation. Chez elle aussi, beaucoup de choses avaient changé. Vincent, avec ses soixante-douze ans, assurait l'essentiel, mais la ferme avait quelque peu perdu de sa superbe.

Les enfants se portaient bien, Jules régnait en petit maître, c'était lui qui détenait l'intelligence et le savoir au-delà desquels Elisabeth avait cru discerner quelque humilité et, sans doute possible, la certitude de se sentir responsable de cette famille. Il s'occupait de son cousin, qu'il accompagnait à l'école depuis la dernière rentrée, de sa sœur et de son frère, avec qui il avait une ressemblance frappante : c'étaient tous les deux des Darnère, rien à voir avec le père, sauf peut-être la chevelure de Jules, un peu plus claire, qui disparaissait la plupart du temps sous un béret. Marie était le portrait craché de Louis Camiale, et, si Elisabeth avait décidé de mettre de la distance entre eux, c'était raté, à chaque instant le visage de sa fille lui rappelait Louis.

Félix, à qui son frère donnait des notions de français en même temps qu'il enrichissait son patois, disparaissait toute la journée, passait des heures à barboter avec les poules, ou bien, chaque fois qu'il le pouvait, il suivait son grand-père en essayant d'imiter ses gestes. Il lui fallait de l'espace, la nature était son domaine, la maison, un endroit trop étroit pour lui. Celui-là aussi aurait du caractère, pensait Elisabeth, tandis que Marie était douce, trop douce.

Elle s'était trompée au sujet de son neveu : Jules ne l'accompagnait pas à l'école, il le traînait littéralement. Un matin, alors que tout le monde était aux champs, Jules appelait et cherchait Louis :

— Tu ne l'as pas vu, toi ? S'il continue, je vais le dire à tante Maria.

— Je l'ai aperçu tout à l'heure qui entrait dans la grange du foin, tu crois qu'il s'y cache ?

— C'est possible, j'aurai bientôt découvert toutes ses cachettes...

Elisabeth accompagna son fils et ils découvrirent le petit garçon assis derrière un pilier.

— Pourquoi ne veut-il pas aller à l'école ?

— Ce sont les grands qui se moquent de lui et qui l'embêtent.

Jules était intouchable, toujours le premier de la classe, il avait la réplique cinglante et ses camarades le considéraient comme le protégé de l'instituteur. Alors ils s'étaient vengés sur son cousin, jusqu'à le traiter de bâtard.

— Qu'est-ce que c'est qu'un bâtard ? avait demandé le petit.

— C'est comme moi, un enfant qui n'a pas de père, mais c'est faux, tous les enfants ont un père, seulement, nous, on ne le connaît pas.

C'était trop compliqué à assimiler pour le petit, il n'avait pas de père et, si ses camarades se moquaient de lui, c'était sans doute quelque chose de grave. Jules se promettait d'intervenir, mais le petit devait construire sa carapace. A force de faire le gros dos, les quolibets cessèrent, mais firent à jamais détester l'école au gamin. Elisabeth tenta de faire un peu de morale à Louis.

— Si tu veux devenir un grand garçon comme Jules, il faut aller à l'école et apprendre, et puis, à la rentrée, c'est toi qui emmèneras Marie.

Les yeux de l'enfant lui répondaient qu'elle pouvait toujours déballer ses arguments, lui avait son idée, il n'en démordrait pas.

Ce jour-là, Elisabeth accompagna les enfants à l'école, Jules et Louis avaient un petit kilomètre à parcourir à pied sur un chemin caillouteux qui laissait à sa droite une grande parcelle de terre qui touchait la rivière, une terre argileuse et fertile, mais à la limite du marécage. Certaines années, on n'y pouvait semer que fort tard, et parfois la récolte menaçait d'y pourrir, inaccessible aux bêtes et aux hommes. Sur le côté gauche se déployait le grand quartier de Caoule. Le chemin serpentait anarchiquement, suivant les difficultés ou des impératifs ancestraux, là un sol trop mou, ici les limites d'une propriété. Il rejoignait ce que l'on appelait la route de

Mézos dans une pente légère qui s'atténuait à l'entrée du bourg. C'est là que Jules dit à sa mère :

— Il vaut mieux que tu ne nous accompagnes pas plus loin, sinon ils vont encore imaginer quelques réflexions désobligeantes.

Elisabeth marqua un temps d'arrêt, inconsciemment elle avait espéré apercevoir Bernard, peut-être lui parler. Quoi de plus normal puisqu'il était l'instituteur de son fils… A quoi bon raviver les blessures du passé ! Bernard était le seul homme qui ait à la fois fait vibrer son cœur et son corps. Sans remarquer les larmes qui embuaient les yeux de sa mère, Jules prit la main de son cousin et l'entraîna aussi vite que le lui permettaient ses petites jambes.

Elisabeth resta quelques secondes immobile, le temps que les garçons disparaissent, et elle s'apprêtait à rebrousser chemin lorsqu'un homme âgé l'aborda :

— Elisabeth ? Ta tante et ta cousine veulent te voir.

Elle ne s'était pas rendu compte qu'elle était devant la maison des Magnes. Depuis dix ans au moins, elle n'avait pas eu de relation avec sa tante ; fille-mère comme l'on disait, elle avait terni l'image de marque de la famille et on préférait l'ignorer, si bien qu'elle hésita à répondre à la demande.

— Quand ?

— Elles t'attendent.

Sa tante, de six ans plus âgée que son père, était-elle malade ? Elisabeth franchit le portail derrière le vieux domestique qui la fit pénétrer directement dans le séjour de la somptueuse demeure, preuve qu'elle était accueillie comme une personne de qualité, sans quoi on l'aurait reçue dans la cuisine. Là, elle découvrit des visages plus courroucés qu'accueillants.

— Ah, te voilà, on t'a vue avec les enfants et on a pensé que tu pourrais nous aider.

S'ensuivirent quelques embrassades rapides et dépourvues de sincérité.

— Ma petite fille Marie s'est mis en tête d'aller vivre à Bordeaux, et aucun de nos arguments ne peut la faire changer d'avis, il faut que tu lui dises que ce n'est pas pour elle...

— Que voulez-vous que je trouve comme raison valable ? Qu'elle ne pourra pas vivre en ville sans travailler ? Qu'il vaut mieux qu'elle attende un prétendant que vous lui choisirez, riche de préférence, et qu'il lui fasse des enfants qui à leur tour... Vous rêviez de cela pour vous et vous l'espérez pour elle ! Pourquoi voulez-vous gérer sa vie ? Laissez-la choisir un peu...

— On voit où ça t'a menée !

La réplique cinglante fit tourner les talons à Elisabeth qui s'apprêtait à claquer la porte.

— Attends, je ne voulais pas te blesser. Marie n'a que dix-neuf ans, tu vois bien que sa mère s'inquiète pour elle.

Elisabeth reprit :

— La ville a des inconvénients, mais aussi des avantages.

Elle pensait au brassage des classes sociales, les différences existaient, mais elles étaient loin d'être aussi infranchissables qu'ici ; puis elle ajouta :

— Pour pouvoir choisir, il faut avoir le choix, et je suis certaine que, si Marie l'avait, elle resterait ici.

— Qu'est-ce que tu veux dire ?

— Que Bordeaux n'est pas tellement loin et que vous pourriez lui permettre d'y passer quelques jours, après quoi elle serait contente de rentrer.

— Tu es sûre de ça ?

— On vit en ville par nécessité, pas par goût. Bien sûr, il y a des divertissements, des boutiques, mais c'est pour ceux qui ont de l'argent et ça n'implique pas d'y habiter. Je vais repartir très vite à Bordeaux ; si vous voulez, je l'emmène avec moi. Je vous promets qu'on s'en occupera avec Zélie, et au bout de huit jours on vous la remet dans le train. Ne lui comptez pas trop vos sous, qu'elle puisse se permettre quelques folies, vous verrez qu'elle s'en contentera.

Pour la première fois, Catherine, sa mère, ouvrit la bouche :

— Il n'en est pas question…

— Ne vous emballez pas, Catherine, l'idée d'Elisabeth m'apparaît pleine de bon sens, en tout cas cela me semble un bon compromis. Nous allons y réfléchir ; quoique nous envisagions, je te remercie et je te ferai part de notre décision.

Cette discussion avait quelque peu changé les idées de la jeune femme. Elle rentra en songeant que son père dépendait encore du bon vouloir des Magnes et que c'était grâce à sa sœur s'il avait un statut privilégié. Heureusement qu'elle ne s'était pas emportée.

Elle chercha ses petits pour en profiter au maximum. Sa petite Marie ne craignait point de mener les vaches vers leur lieu de pacage qui variait avec la saison, accompagnée du chien. C'est ainsi qu'elle l'aperçut sautillant avec ses sabots, le labrit effectuant une danse autour d'elle dans un jeu dont ils étaient les seuls à connaître la règle. Elisabeth les épia un moment avant d'interrompre leur ronde.

— Félix n'est pas avec toi ?

— Non.

Marie se montrait timide avec sa mère, cette dame toujours bien mise qui ressemblait à une *daoune* l'impressionnait. Quant à Félix, il ne donnait pas le sentiment d'avoir besoin d'elle ; tout ce qui l'intéressait, c'étaient les buissons, les herbes touffues, la terre récalcitrante qui résistaient à ses petits bras armés d'un outil à sa taille que jadis Vincent avait confectionné pour ses fils.

Si Marie était ronde, bien potelée, Jules était mince et petit pour son âge, Félix était carrément malingre. Elisabeth ne s'inquiétait pas au vu de l'appétit des garçons et de l'acharnement qu'ils mettaient, l'un à étudier, l'autre à gesticuler toute la journée.

Maria avait changé depuis le départ de Zélie, elle avait pris plus d'assurance et c'était elle qui dirigeait la ferme avec la bienveillante complicité de son père. Un moment, Elisabeth avait été surprise par l'autorité et la rigidité dont sa sœur faisait preuve avec les enfants, mais elle se rendit bien vite compte que c'était nécessaire.

Le lendemain, Marie Magnes descendit d'un cabriolet en faisant bien attention de ne point souiller ses chaussures et le bas de sa robe dans la cour. Elle sauta sur Elisabeth en l'embrassant.

— Quand pars-tu à Bordeaux ? Ça y est, elles se sont décidées à m'accorder quelques jours grâce à toi.

Elle s'aperçut enfin de la présence de sa tante et de Maria et les salua sans leur prêter plus d'attention, son regard étant fixé sur Elisabeth dont elle attendait une réponse.

Elisabeth n'y avait pas réfléchi, elle était rentrée pour revoir ses enfants, mais forcément elle était amenée à faire le point sur sa vie. Elle se sentait désormais responsable de sa jeune sœur, qu'elle ne voulait pas voir s'engager sur la même voie qu'elle. Quant à elle-même, elle s'interrogeait : allait-elle continuer à nourrir des enfants ? Elle savait que bientôt elle devrait arrêter, ce serait le plus tard possible, le bien-être des siens en dépendait. Le jour où elle devrait accepter un travail fastidieux et mal rémunéré arriverait bien assez tôt. Pour l'heure, Marie Magnes se tenait devant elle et attendait une réponse.

— Quand je repars à Bordeaux ? Je ne sais pas, peut-être la semaine prochaine…

Puis, constatant que la jeune fille maintenait toujours sa robe relevée, elle ajouta :

— Mais ne t'emballe pas, tu peux commencer par raccourcir légèrement deux ou trois de tes robes, les rues de la ville sont parfois plus sales que la cour ici. Pas la peine non plus d'emporter ce que tu as de plus beau.

La jeune fille la regardait avec des yeux incrédules. Maria fut mise à contribution pour la couture. Impatiente, la jeune fille passait tous les jours. Au début de la semaine suivante, lassée, Elisabeth décida de repartir à Bordeaux, sa cousine sur les talons.

Aussi volubile et enthousiaste fût-elle, avant son départ la jeune fille n'en menait pas large. Muette, elle suivait Elisabeth comme son ombre.

Marie Magnes se montra craintive, voire paniquée, lorsque le train entra en gare de Morcenx dans un bruit fracassant, son panache de fumée noire obstruant l'horizon, ou encore lors de l'arrivée à Bordeaux, alors que la foule se pressait. La jeune fille n'avait jamais vu autant de monde, même pour les foires les plus fréquentées de Saint-Julien ou des environs. Sa curiosité s'éveilla quelque peu dans le cabriolet qui les emmenait.

— Oh, toutes ces boutiques…

— Attends un peu, ce n'est rien…

Les Daniau accueillirent les jeunes femmes avec toute la gentillesse qui les caractérisaient. Zélie fit un peu la moue :

— Qu'est-ce qu'elle vient faire ? Pourquoi l'as-tu amenée ?

— Ce n'est que pour quelques jours, c'est la tante qui me l'a demandé.

Les sentiments de Zélie étaient partagés vis-à-vis de cette tante, elle ne l'aimait pas, mais d'un autre côté elle rendait service à leur père. Finalement, elle céda même son lit dans leur petite chambre et coucha sur un matelas à même le sol.

Si Elisabeth n'avait tempéré ses ardeurs, Marie aurait claqué son pécule le premier jour dans les magasins des Allées Tourny qui regorgeaient de vêtements et d'objets plus attrayants les uns que les autres.

— Ne te laisse pas tenter à la légère, lui dit-elle, tu regardes tout, tu réfléchis, ensuite tu arrêtes ton choix.

Les Allées Tourny accueillaient la classe sociale la plus aisée de Bordeaux. Outre les magasins, on y trouvait des cafés-théâtres où quelques artistes locaux étaient considérés comme de véritables vedettes.

Ce quartier était aussi un lieu de promenade et de rassemblement, notamment après les courses de chevaux. On y rencontrait toute sorte de véhicule. Marie Magnes fut intriguée par cet engin à deux roues que l'on appelait vélocipède et qui se déplaçait tout seul à condition d'appuyer sur les pédales et de tenir l'équilibre. Il n'était pas rare de voir des courses s'organiser et se disputer avec acharnement par les heureux possesseurs de ce nouveau moyen de locomotion.

Le soir, des orchestres se réunissaient spontanément et jouaient pour le plus grand plaisir des badauds, sur les places, dans les squares, incitant les Bordelais à sortir de chez eux durant les longues et chaudes soirées de l'été.

— Et tu n'as pas vu les bals du 14 juillet, ni la procession aux flambeaux, c'est splendide.

Marie Magnes s'émerveillait et connut cependant quelques frissons lorsque Elisabeth lui expliqua que les filles qu'elle apercevait dans les encoignures de porte et dans certains bars mal famés étaient des prostituées. Avec les salles de jeu qui se multipliaient, c'était un casse-tête pour le maire et pour la ville qui ne savait que faire pour enrayer cette prolifération.

La semaine passa, Marie avait fait ses achats : des bijoux, plusieurs vêtements et quelques petits cadeaux pour sa famille. Elle manifesta tout naturellement le désir de rentrer à Saint-Julien. Elisabeth et Zélie, qui, dans un dernier effort, l'accompagnèrent à la gare, poussèrent un ouf de soulagement. Elles étaient exténuées. En huit jours, elles étaient sorties plus qu'en six mois, cela en assurant leur travail dans la journée.

Chose rare, Elisabeth reçut une lettre de sa tante qui la remerciait d'avoir chaperonné sa petite fille.

Comment, le soir du 14 Juillet, alors que Zélie et Elisabeth dansaient lors d'un bal populaire donné dans le quartier, Louis Camiale les avait rejointes et accaparait Elisabeth, Zélie n'en sut jamais rien. Sa sœur, par contre, l'avait aperçu à plusieurs reprises lorsqu'elles déambulaient avec leur cousine. Une nouvelle fois, Elisabeth se laissa porter par les événements en sachant qu'au pire elle obtiendrait ce dont elle avait besoin, du lait, avec en prime un quatrième enfant, lequel, elle ne se le cachait pas, lui poserait un nouveau problème. Vincent Darnère avait eu des mots très durs lorsqu'elle leur avait rendu visite quelque temps auparavant.

— Tu viens nous amener un autre petit ?

— Je viens seulement apporter un peu d'argent pour qu'ils ne manquent de rien.

Vincent, un peu confus, avait tourné le dos, mais Elisabeth avait compris que son père avait déposé sa combativité comme on dépose les armes et qu'il s'inquiétait pour l'avenir de ses petits-enfants. Ignorant les tourments de sa sœur, Zélie était heureuse pour elle.

— Mais il est amoureux. Tu as vu comment il te fait la cour ?

— Il est surtout marié, et tout ce qu'il veut, c'est mon corps. Ils veulent tous ça, Zélie, pour peu que tu ne sois pas trop moche.

Désemparée, la jeune fille demanda d'une petite voix :

— Tu crois ?

— Et toi, tu crois que je n'ai pas donné pour le savoir ?

Zélie resta muette. Chaque fois qu'elle le pouvait, sa sœur essayait de lui insuffler la crainte des hommes.

Elisabeth ne fut pas surprise lorsque Louis lui apprit que son ménage battait de l'aile et qu'ils faisaient de gros efforts pour sauver les apparences, alors que tout leur entourage n'ignorait rien de leurs problèmes. L'épouse de Louis fréquentait toujours la haute société bordelaise et refusait avec le même acharnement de lui donner un enfant, ce qui aurait pu, lui semblait-il, sauver leur couple.

La danse favorisait le contact de ces corps qui se connaissaient déjà. Troublée, Elisabeth faillit à plusieurs reprises s'abandonner dans les bras qui ne demandaient qu'à l'accueillir. Il lui restait encore un peu de retenue et suffisamment de force pour résister à la tentation. Elle préféra ne pas entendre les propositions de Louis.

— Je vais te louer un appartement ; tu sais, j'ai abandonné mon travail à la mairie, j'ai amassé une petite fortune à la bourse et je continue à bien y gagner ma vie, plus qu'en travaillant en tout cas, ce qui fait que je pourrai venir te voir quand je voudrai.

La jeune femme faisait la sourde oreille, et pourtant il lui fallait trouver un emploi, et peut-être un logement. Elle s'occupait encore des petites Daniau. Madeleine, la dernière fille de Joséphine, marchait déjà, et bientôt une institutrice la remplacerait. Le travail à la teinturerie ne manquait pas, mais Madeleine Daniau mère elle-même l'incitait à trouver autre chose tellement le travail à la teinturerie était pénible.

— Accompagne-moi chez moi, insistait Louis, Marguerite est partie sur le bassin d'Arcachon pour quatre ou cinq semaines, elle y possède un pied-à-terre maintenant.

Elisabeth ne répondait toujours pas, tandis que le jeune homme accentuait la pression de ses bras et de ses mains.

En quelques jours, la jeune femme fut emportée dans un tourbillon sans pouvoir réagir. Sa patronne lui trouva du travail chez un marchand de tissus de ses relations.

— Vous reviendrez coucher ici, ma petite Elisabeth. Inutile de vous chercher un appartement, et puis vous nous manqueriez, ainsi qu'à votre sœur.

La jeune femme ne se souvenait pas, hormis peut-être ses premiers employeurs, avoir rencontré des gens aussi charmants, attachants et serviables. Puis, un soir, alors qu'elle rentrait d'un bon pas, Louis surgit devant elle, comme il le faisait de plus en plus souvent. Il lui mit une clé dans la main.

— C'est chez toi si tu le veux… On va visiter ?

La curiosité l'emporta, elle répondit sur le même ton :

— On va visiter…

C 'était un immeuble cossu avec plusieurs logements au rez-de-chaussée et à l'étage, pas très éloigné de son lieu de travail. Elisabeth regarda la plaque : on était au 32, rue Colbert.

En fait, il y avait quatre appartements, et celui dans lequel la jeune femme pénétra était vaste et spacieux. Louis Camiale y avait fait apporter quelques meubles, seulement l'essentiel : un lit, une table, une armoire, un fourneau et deux chaises.

— Tu pourras le meubler comme tu voudras, c'est loué à ton nom… Veux-tu que nous restions cette nuit ?

— Non, ma sœur va m'attendre et s'inquiéter.

En fait, Elisabeth ne savait pas encore si elle allait accepter.

— Tu sais, ce n'est pas grand-chose, ça ne représente même pas la moitié de ce que j'ai gagné aujourd'hui à la bourse. J'ai doublé ma mise, dommage que je n'ai pas investi davantage !

L'atmosphère était électrique et les jeunes gens se retrouvèrent dans les bras l'un de l'autre, puis sur le lit, retrouvant instantanément les gestes qui les avaient fait vibrer sept ans auparavant. Non, Elisabeth ne resterait pas ce soir, elle serait simplement un peu en retard, le corps repu d'amour et de fatigue.

Elle n'avoua pas tout de suite à sa sœur qu'elle avait un appartement, et jamais elle ne confessa que c'était grâce à son amant. Les jeunes gens se retrouvaient dans leur nid chaque fois que Louis se libérait de sa passion pour la bourse et des mondanités imposées par son épouse, c'est-à-dire souvent. Il attendait Elisabeth à la sortie de son travail, parfois ils dînaient ensemble, avant ou après avoir cédé au désir violent qui les habitait. L'automne venu, Elisabeth prit l'habitude de coucher dans sa nouvelle demeure, et, dès qu'elle se sut enceinte pour la quatrième fois, elle espaça ses visites à sa sœur.

Son travail n'était pas pénible. Le matin, elle préparait le repas de midi, rangeait la maison, et surtout évitait que deux gamins turbulents soient dans les jambes de leur mère. L'après-midi, elle rangeait les coupons que sa patronne avait déployés pour ses clients.

Si la jeune femme avait dû vivre de son seul salaire, elle aurait connu de grandes difficultés. Louis se chargeait du loyer et laissait de temps en temps une enveloppe bien garnie, elle pouvait même mettre un peu d'argent de côté. Le jeune homme semblait très attaché, et il fut comblé lorsque les rondeurs d'Elisabeth éveillèrent ses soupçons. Cette fois, il en était certain, ce serait un garçon et ce serait son fils.

Tous les élèves étaient partis, seul restait Jules Darnère, installé à la table la plus proche du bureau de l'instituteur, extrêmement sévère dans la journée et qui, le soir, devenait un autre homme, plus doux, plus paternel. L'enseignant s'était éclipsé quelques minutes, le temps d'aller chercher un dossier urgent au secrétariat de mairie pour ne pas se retarder dans son second travail de secrétaire et le mettre à jour en tenant compagnie à son élève. Jules ne relevait pas la tête, il travaillait d'arrache-pied, son maître avait su lui faire comprendre qu'il allait à la fois défendre l'honneur de sa famille, l'honneur de la classe, et quelque part un peu aussi l'honneur de l'instituteur dont la compétence était beaucoup moins mise en cause que sa capacité à faire respecter la loi de Jules Ferry : l'école obligatoire pour tous.

La terre avait besoin de tous ses bras, il n'y avait que quelques privilégiés qui pouvaient se permettre d'envoyer leurs enfants à l'école tous les jours jusqu'à onze ans, et encore, ceux-là les envoyaient dans les écoles privées de Dax.

Jules ne faisait partie d'aucune de ces catégories, simplement il apprenait avec une facilité extraordinaire et sa tante et ses grands-parents ne mettaient aucun frein à cette faculté. Ce qui n'empêchait pas le garçon de se livrer aux travaux de la ferme, mais là aussi il s'adaptait instantanément.

Vincent Darnère était fier de son petit-fils. Il allait passer le certificat d'études, chose rare, presque inédite, chez des gens de leur condition.

En fait, Jules avait onze ans et demi, son maître aurait pu lui faire tenter l'épreuve un an auparavant, mais en cas d'échec sa famille n'aurait pas permis qu'il continue ; l'enseignant préférait assurer le résultat. Dans tous ses exercices, Jules montrait une telle régularité à apporter des solutions correctes que l'instituteur, sans laisser paraître sa satisfaction, se réjouissait intérieurement. Comment ne pas se réjouir doublement d'ailleurs ? Elisabeth ne lui avait-elle pas avoué que c'était aussi son fils ? Ne lui avait-il pas promis de s'en occuper ? C'était la moindre des choses après les lamentables malentendus qui les avaient séparés pour toujours.

La date fatidique approchait, avec chez Jules plus de détermination que d'appréhension. Mais pourquoi tant d'acharnement, que ferait le garçon, son diplôme en poche ? L'instituteur avait son idée.

A 8 heures précises, une fille et dix garçons firent une entrée solennelle dans la salle de classe de Castets. Bernard Barbe et son élève Jules Darnère étaient partis très tôt, avant même que le soleil se lève. Il avait fallu parcourir vingt-cinq kilomètres pour rejoindre le chef-lieu du canton où se déroulaient les épreuves. Il y avait quatre candidats de Castets, dont la fille de l'instituteur, deux de Lit-et-Mixe, un de Saint-Girons et trois de Lévignacq et Lesperon. Chacun avait revêtu ses habits du dimanche, c'est-à-dire ce qu'il avait de mieux, mais on pouvait connaître sans se tromper le milieu social des jeunes gens. Il suffisait pour cela de remarquer les sept paires de sabots et les quatre paires de souliers. Ce n'était pas là la préoccupation majeure des candidats, qui s'appliquèrent rigoureusement. Ce fut l'attente des résultats qui leur parut la plus longue, encore que chacun avait été rassuré par son instituteur. Les onze enfants furent reçus, le contraire eût été étonnant, les maîtres ne présentaient que les élèves dont ils étaient sûrs. Bien évidemment, il pouvait y avoir des accidents, mais c'était plutôt rare.

Jules était heureux. Il aurait aimé emporter son diplôme et l'exhiber devant tous ses proches, mais le maître l'avait conservé et le lui remettrait lors d'une cérémonie officielle devant la famille, les autorités municipales et les parents des élèves qui fréquentaient la classe. Tout le monde saurait à Saint-Julien que Jules Darnère avait obtenu son certificat de fin d'études avec une excellente moyenne.

Le garçon ne s'était pas attendu à être accueilli comme un héros par les siens, mais le peu d'enthousiasme avec lequel il fut reçu le décontenança passablement. Le retour de Castets à Saint-Julien avait été euphorique en compagnie de son maître, et voilà que seule Marie, sa grand-mère, l'avait serré dans ses bras avec une note d'admiration et une petite larme au coin de l'œil. Maria avait ajouté, traduisant la préoccupation de chacun :

— C'est bien, mais maintenant ?

C'était aussi la question que se posait Vincent. Jules allait passer de l'enfance à l'âge adulte, on avait beau lui dire que ce diplôme ouvrait bien des portes, il s'inquiétait malgré tout pour l'avenir du garçon.

Quelques jours plus tard, l'instituteur fit appeler son élève.

— Qui est-ce qui s'occupe de toi ? Tes grands-parents, ta tante, ta mère ?

Sans hésiter, Jules répondit :

— Tante Maria.

— Attends-moi un moment, il faut que j'aille la voir, il se peut que j'aie quelque chose pour toi.

L'enseignant ne pensait qu'à l'enfant et il ne s'était pas posé la question de savoir s'il allait devoir rencontrer Elisabeth.

Les Darnère ne s'attendaient pas à recevoir la visite du maître d'école, lequel dans le village était considéré comme un notable, au même titre que le maire ou le curé. Bernard Barbe s'adressa à Maria :

— Voilà, lui dit-il, Jules a obtenu d'excellentes notes à son examen, et je n'ai pas eu grand mal à lui obtenir un travail à la banque Pelletier à Dax.

En fait, le compte du père de l'instituteur, gros maquignon, avait joué tout autant que les arguments qu'il avait pu employer.

— Seulement, ajouta-t-il, le problème, c'est qu'il faut lui payer une chambre, lui acheter au moins deux costumes, et bien sûr il lui faudra aussi la nourriture. Il aura besoin d'aide pendant au moins deux ans.

Maria était perdue, elle ne savait pas ce qu'était une banque, elle ne savait pas quelle décision prendre, elle ne savait pas si Elisabeth pourrait l'aider, elle savait simplement par Zélie, qui lui avait demandé de n'en rien dire, que sa sœur était sur le point d'accoucher. Finalement, elle répondit :

— Mais comment on va faire ? On n'a pas d'argent…

— Et sa mère, elle travaille bien…

— Mais il y a les autres enfants, et ce qu'elle nous donne suffit à peine.

L'instituteur était déçu, il devait donner la réponse dans les trois ou quatre jours, pas le temps d'écrire à Elisabeth. Il insista :

— Peut-être qu'on peut trouver un arrangement, un seul costume suffira pour l'instant ; j'ai des connaissances à Dax, j'essaierai de lui trouver un loyer pas cher…

— Je ne peux rien promettre, s'entêta Maria, s'il faut payer, on ne pourra pas.

— C'est bien dommage. Ce garçon pouvait avoir des ambitions justifiées, il est très intelligent et très travailleur, je regrette beaucoup pour lui. Avec une situation comme celle que je lui propose, c'est lui qui vous aurait aidé d'ici quelques années. C'est vraiment dommage, répéta-t-il, qu'est-ce que vous pensez faire ?

— Je crois qu'il veut être maçon…

— Il m'en a parlé, mais il méritait mieux, il méritait beaucoup mieux.

L'instituteur comprit que Maria avait ses raisons. Elle ne pouvait privilégier Jules, aussi brillant soit-il, au détriment des trois autres petits. En les regardant, Bernard eut un choc : Félix ressemblait comme deux gouttes d'eau à son frère aîné.

— Quel âge a-t-il ?

— Félix ? Un peu plus de quatre ans, vous ne l'aurez pas à cette rentrée, mais sans doute à la suivante.

Un trouble s'empara soudain de l'instituteur. Se pouvait-il que ce garçon soit aussi le fruit de sa liaison avec Elisabeth lors de leurs retrouvailles cinq ans auparavant ? Le jeune homme se trouva complètement décontenancé et quitta précipitamment la maison. Il se reprocha longtemps de n'avoir pas suffisamment insisté ou de ne pas avoir su trouver une solution.

Le soir même, Vincent Darnère trancha :

— J'ai cru comprendre, Jules, que la ferme ne te plaît pas et que tu voulais faire autre chose…

— Oui, je voudrais devenir maçon.

— Pour cela, il faut te trouver une bonne entreprise. Les Ducouriot de Lesperon sont chez Magnes en ce moment, tu devrais aller les voir demain.

Le 1er juillet 1889, le garçon commença son apprentissage de maçon. Maria lui donnait de quoi manger pour la semaine, des œufs, du lard, du jambon, deux gros pains de seigle, et il ne rentrait que le dimanche. Il couchait sur le chantier ou chez son patron dans un petit appentis qui jouxtait l'atelier.

Le soir du 30 juin 1889, Elisabeth Darnère était admise à l'hôpital Saint-André de Bordeaux où elle accoucha d'un quatrième enfant à 10 heures du soir, assistée par mademoiselle Quillet, une sage-femme âgée de vingt ans. C'était un garçon qu'elle appellerait Arthur Louis.

Le hasard voulut que, le même soir, une chanteuse de cabaret en vogue à Bordeaux mette au monde une petite Alice et qu'elle cherchât une nourrice en mesure de garder son enfant à son domicile. Elisabeth, qui avait envisagé de conserver son emploi, n'hésita pas un instant, d'autant que les avantages étaient inespérés.

Ce ne fut que quelques jours plus tard qu'elle écrivit à ses parents pour leur annoncer sa nouvelle maternité et féliciter enfin Jules pour sa réussite.

L'été se passa plutôt bien, Louis Camiale venait souvent voir son fils.

A l'automne, Elisabeth constata un brusque changement. Le jeune homme espaçait ses visites, ne parlait pas ou bien s'irritait pour rien, puis il redevint normal. Elisabeth finit par comprendre que la bourse était un jeu dangereux et que l'on pouvait gagner beaucoup d'argent, mais que l'on pouvait aussi tout perdre.

Alice resta trois ans avec Elisabeth, sa mère lui rendait visite quelque peu anarchiquement. Il lui arrivait de passer deux fois dans la même journée, comme de rester quinze jours sans donner de nouvelles. Pendant deux ans, la pension fut versée régulièrement, la dernière année, il arriva à la chanteuse de sauter des échéances ou d'en amputer certaines, si bien qu'Elisabeth ne rentra jamais dans ses comptes. Louis l'inquiétait de plus en plus, il avait fini par piocher dans les économies qu'elle destinait à ses enfants, une fois, deux fois, trois fois. Puis, pendant plusieurs jours, elle ne le vit pas. Un matin, en tombant sur un vieux journal, elle lut que Louis Camiale, ruiné et endetté, s'était donné la mort dans sa chambre. Elle fut surprise de ressentir plus de soulagement que de chagrin. La situation était claire, elle n'avait plus d'argent, pas de travail, même si elle nourrissait encore un petit garçon qui lui permettait de régler son loyer.

Elle se fit à nouveau engager comme cuisinière. En tentant de mener tout de front pour préserver son train de vie et se refaire une petite cagnotte, Elisabeth, déjà fatiguée par des années d'allaitement, perdit un peu plus de sa belle santé.

Un dimanche après-midi, elle n'eut même pas le courage de faire sa promenade hebdomadaire avec Zélie et le petit Arthur qui se montrait fort dégourdi et fort intéressant. Sa sœur la prit à partie et lui fit la morale :

— Ecoute, Elisabeth, tu n'es pas raisonnable, tu travailles trop, tu as maigri, tu ne peux plus te traîner, tout ça pour quoi ? Pour conserver ton appartement et ton indépendance ?

— Tu ne comprends pas. Comment veux-tu que je fasse avec le petit ?

— Viens travailler à la teinturerie. Certes, c'est dur, mais provisoirement... On partagera la chambre, Arthur pourra rester à la cuisine avec moi.

— Il n'y a pas que cela, je n'ai presque plus de lait et je ne vais bientôt plus pouvoir allaiter...

En la regardant bien en face, Zélie s'emporta :

— Ah non, tu ne vas pas recommencer ! Quatre enfants, ça suffit. Et puis dans l'état où tu es, tu n'y penses pas !

Elisabeth y avait pensé pourtant. Elle avait aussi pensé à emmener son petit Arthur à Saint-Julien. Maria lui avait donné son accord, mais elle hésitait encore. Ce petit, c'était sa seule joie de vivre. Celui-là, c'était son enfant. Avec ses frères et sa sœur, il serait perdu. Il ne parlait que le français alors qu'à la campagne on parlait en gascon. Rentrer elle-même dans sa famille et y rester, c'était établir un constat d'échec auquel elle n'était pas prête.

Marie, sa fille, avait maintenant dix ans et n'allait plus à l'école. Elisabeth avait demandé à Maria de lui trouver une place pour deux ou trois ans. Ensuite, elle la ferait venir à Bordeaux.

A sept ans, Félix donnait quelque peine à sa tante, il ne fréquentait pas l'école autant qu'il l'aurait dû, mais, curieusement, personne ne lui en tenait rigueur. Il n'avait pas son pareil pour rapporter une grive, un lapin, du poisson qu'il allait braconner jusque dans les étangs privés. Quant à l'instituteur, il lui donnait un tel travail qu'il était soulagé lorsque le garnement préférait les travaux des champs à ceux de la classe.

Louis, le fils de Maria, avait lui aussi entrepris son apprentissage de maçon à Saint-Julien, chez les Vince. Les trois garçons se retrouvaient le dimanche aux côtés de Vincent pour l'aider dans les travaux les plus pénibles, pendant que Maria lavait, cousait et repassait les vêtements de Jules et de Louis, et que Marie, leur grand-mère, préparait les gamelles pour la semaine.

Jules avait vite appris le métier. Bluffé, le père Ducouriot considérait qu'il n'avait plus grand-chose à lui apprendre et l'incitait à faire le Tour de France. Le jeune homme se considérait un peu comme le chef de famille et préférait attendre. Toutefois, il s'était lié d'amitié avec le fils Vince et s'en vint travailler avec eux. Le maçon le trouva fort dégourdi et l'encouragea par un salaire conséquent que le garçon remettait dans son intégralité à Maria. De l'argent de poche ? Jules n'en ressentait pas le besoin. Son principal souci du moment était son grand-père, qu'il voyait décliner très rapidement. Il s'essoufflait et devait interrompre son travail.

Le soir du 9 août 1893, Jules ne fut pas surpris lorsqu'on vint les chercher sur le chantier, Louis et lui, en leur annonçant que leur grand-père, Vincent Darnère, s'était éteint. Il avait soixante-dix-huit ans.

La lenteur du courrier ne permit pas à Zélie et Elisabeth, ni même à Jean Saturnin, d'assister aux obsèques de leur père. Les filles descendirent tout de même de Bordeaux pour venir se recueillir, accompagnées du petit Arthur. Maria eut un choc en voyant la mauvaise mine d'Elisabeth.

— Reste quelques jours pour te reposer, lui dit-elle.

— Non, non, il faut que je reparte.

— Et le petit, tu pourrais nous laisser le petit.

Zélie avait soufflé quelques mots à Maria à propos d'Arthur, qui était un handicap pour sa mère. Elisabeth interrogea sa mère du regard ; la vieille femme, le visage buriné par les ans et le chagrin, acquiesça d'un mouvement de tête :

— Oui, tu pourrais nous laisser le petit, la maison serait moins vide.

La peine de Marie Darnère était profonde, elle avait connu quelques bonheurs avec cet homme vaillant et intègre pendant plus de cinquante ans de vie commune. Ils avaient aussi subi l'avidité et la méchanceté des hommes et s'étaient soutenus mutuellement. L'usure du temps, autant que les soucis qu'avaient pu lui causer ses enfants et ses petits-enfants, avait emporté son compagnon. Malgré tout, il avait réussi à leur insuffler le courage et la volonté qui l'avaient toujours animé, des qualités qui leur permettraient de se tirer d'affaire.

Ce ne fut pas facile d'expliquer à Arthur qu'il allait rester là avec sa grand-mère, sa tante, ses frères, sa sœur et son cousin, des gens qu'il ne connaissait pas hier. Zélie lui expliqua :

— Tu vas rester quelque temps avec tante Maria parce que ta maman est malade. Elle a besoin de se reposer. Tu verras, Félix t'apprendra à connaître la campagne.

L'enfant, qui avait l'habitude d'être trimballé, ne dit rien, mais il souffrit beaucoup de cette cassure, malgré l'amour que lui apporta Maria, plus proche de lui qu'elle ne l'avait été de son propre fils.

Elisabeth et Zélie ne virent ni Jules ni Louis, qui travaillaient sur un chantier à Lit-et-Mixe. Seule Marie vint passer quelques heures avec sa mère.

Maria envisageait d'abandonner la ferme, Félix restait seul désormais à s'occuper des vaches, des poules et des porcs. Sa tante reconnaissait qu'il s'en acquittait fort bien et retardait sa décision. S'il s'était agi d'un autre propriétaire que Magnes, dont ils étaient les neveux et les cousins, les Darnère auraient sans doute été chassés depuis longtemps, tant il leur était difficile d'assurer la bonne marche de la ferme.

Rentrées à Bordeaux, les jeunes femmes reprirent leur tâche. Il ne suffisait pas à Elisabeth de travailler à la teinturerie dans la journée, le soir elle faisait le ménage chez un boucher et le matin dans un cabaret. Elle dormait peu, se nourrissait mal. Sa bourse se garnissait, mais sa santé se dégradait et inquiétait beaucoup Zélie. Elisabeth mettait tout cela sur le compte des vapeurs nocives de la teinturerie ; lorsqu'elle reviendrait à Saint-Julien, tout rentrerait dans l'ordre. Parce que c'était décidé, elle reviendrait au village et elle y resterait, au moins quelques mois… Son petit Arthur lui manquait, elle aiderait Maria et Félix, elle se reposerait aussi… Elle en avait besoin.

Devant l'état de sa sœur qui empirait, Zélie insistait :

— Sois raisonnable, il faut que tu rentres chez nous, tu es trop fatiguée.

Elisabeth céda à la fin de l'hiver de l'année 1896. C'est à peine si elle avait remarqué le changement irréversible qui transformait Bordeaux. On construisait à tour de bras, la première automobile avait fait son apparition en 1891, on en comptait maintenant cinq appartenant à de jeunes bourgeois bordelais qui se lançaient des défis. L'année précédente, une course Bordeaux-Paris et retour avait été organisée, on avait atteint la moyenne de vingt-cinq kilomètres par heure. On ne s'arrêterait pas là, certains parlaient même de voler. Ces préoccupations étaient loin de toucher Elisabeth, mais toutes les conversations tournaient autour du sujet et personne ne pouvait y échapper.

De retour au village, le repos auquel elle s'astreint n'apporta aucun répit à la jeune femme qui n'avait plus aucun ressort. Il semblait à Maria que sa sœur se laissait aller volontairement. Malgré tout, au bout de quelques jours, ne voyant aucune amélioration de son état, Elisabeth se remit au travail avec un acharnement qui laissa Félix disponible pour d'autres corvées.

Ce fut le moment que choisit Jules pour vivre sa propre vie. Ils avaient comploté avec le fils Vince pour accomplir le Tour de France ensemble. Il leur restait presque deux ans avant d'effectuer leur service militaire et ils voulaient les mettre à profit pour connaître d'autres cieux, d'autres méthodes de travail. Le jeune homme ne s'attendait pas à la réaction de sa mère lorsqu'il fit part de sa décision :

— Avec Vince, on s'en va au début du mois de juillet.

Maria ne broncha pas, elle savait que cela devait arriver. Par contre, Elisabeth se fâcha :

— Ta place est ici, avec tes frères et ta tante. Tu dois les aider.

Jules haussa le ton :

— Toi, tu n'as rien à dire, tu n'es pas ma mère…

Le jeune homme reçut une gifle magistrale dont il se souvint longtemps. Il ne tarda pas non plus à comprendre la réaction de sa mère dont la santé se dégradait de jour en jour.

Le matin du 20 septembre 1896, Maria découvrit sa sœur sans vie sur son lit. Elisabeth Darnère avait trente-six ans et l'on raconta qu'elle était morte d'épuisement.